Knaur.

Knaur.

Der Autor:
Peter Hahne, Jahrgang 1952, ist evangelischer Theologe und
Journalist. Von 1985 bis 1999 war er Moderator und Redakteur
des »heute journal« und der ZDF-Hauptnachrichtensendung
»heute«. Seit 1999 moderiert er das Politmagazin »Berlin direkt«
und ist stellvertretender Leiter des ZDF-Hauptstadtstudios
Berlin. Mehr Informationen zu Peter Hahne unter: www.Peter-
Hahne.de

Peter Hahne

Was wirklich
wichtig ist

Knaur Taschenbuch Verlag

Besuchen Sie uns im Internet:
www.knaur.de

Vollständige Taschenbuchausgabe Dezember 2007
Knaur Taschenbuch
Ein Unternehmen der Droemerschen Verlagsanstalt
Th. Knaur Nachf. GmbH & Co. KG, München
Copyright © der Originalausgabe 1997 by
S&L MedienContor/Lardon Media AG, Hamburg und
Axel Springer Verlag AG/Bild am Sonntag, Hamburg
Alle Rechte vorbehalten. Das Werk darf – auch teilweise – nur
mit Genehmigung des Verlags wiedergegeben werden.
Umschlaggestaltung: ZERO Werbeagentur, München
Umschlagfoto: Copyright © by ZDF
Fotografie: Svea Pietschmann; eine Aufnahme des ZDF
Layout: Andrea Göttler
Satz: Adobe InDesign im Verlag
Druck und Bindung: Clausen & Bosse, Leck
Printed in Germany
ISBN 978-3-426-78079-4

2 4 5 3 1

Ein Wort zum Anfang

Am 12. Mai 1996 schrieb ich meine erste Kolumne für »BILD am SONNTAG« – damals gab der Kalender das Thema vor. Denn der 12. Mai war Muttertag, und meine »Gedanken am Sonntag« führten zurück in die Zeit der Kindheit.

Die wöchentliche BamS-Kolumne ist längst zur festen Institution geworden; sie bereitet mir noch immer so viel Spaß wie am Tag, als alles begann.

Doch ganz ehrlich: Nicht immer war die Themenfindung so einfach wie an diesem längst vergangenen Muttertag.

Manchmal gaben kleine Zeitungsmeldungen den Anstoß, die ein anderer vielleicht übersehen hätte. Dann wieder waren es Beobachtungen in der Nachbarschaft, Begegnungen im Freundeskreis, Begebenheiten aus der Kollegenrunde. Oder auch eine »Big News«, die unsere Welt bewegt hat.

In diesem Buch sind die besten dieser Kolumnen zusammengefasst, gelöst von der chronologischen Reihenfolge der Aktualität und unterteilt in vier große Kapitel:

Über Menschliches und Gedankenlosigkeit
Über Gründe und Abgründe
Über Erlebtes und Erfahrenes
Über Vorbilder und Zerrbilder

Manches Vorkommnis mag dem Leser aus heutiger Sicht deshalb vielleicht alt erscheinen, »von vorgestern«. Das stimmt – und ist doch für den Lese-Gewinn ohne Bedeutung. Denn die ausgewählten Kolumnen haben – so hoffe ich zumindest – kein Haltbarkeitsdatum, das irgendwann einmal erreicht und überschritten ist.

Es sind Gedanken zum Sonntag und Gedanken über den Tag hinaus. Gedanken zu dem, was wirklich wichtig ist ...

Peter Hahne

1
Über Menschlichkeit
& Gedankenlosigkeit

Über kleine Krisen und große Ausreden

Da werden am Fließband Autos lackiert. Wagen für Wagen passiert die Endkontrolle – jeder in glänzendem Rot-Metallic. Auf einmal glaubt der Meister im Kontrollstand seinen Augen nicht zu trauen: Ein Pkw schiebt sich an ihm vorbei, die Beifahrertür von einem dicken schwarzen Streifen verunziert.

Der Geselle, zur Rede gestellt, nimmt das Malheur nicht schwer: Ganz selbstverständlich erklärt er dem Chef, seine »tiefe persönliche Krise« sei der Grund für das »Versehen«. Ihm, dem Mann am Band, sei kürzlich die Freundin weggelaufen, diese Belastung müsse er erst verkraften. Man möge doch Verständnis dafür aufbringen, dass sich das momentan ein wenig auf seine Leistung am Arbeitsplatz auswirken würde ...

Man versteht nicht. Man schickt eine Abmahnung, zieht den entstandenen Schaden vom Lohn ab und droht im Wiederholungsfall mit Kündigung.

Der junge Geselle ist fassungslos und fest davon überzeugt, ungerecht behandelt worden zu sein. Schließlich hat er doch nicht anders argumentiert als sein großes Idol, dessen buntes Poster an der Innentür seines Kleiderspinds hängt. Und der, übrigens ein bundesweit bekannter Fußballnationalspieler, hatte erst vor ein paar Tagen erklärt, er befände sich im Tief, weil die Frau aus der gemeinsamen Villa ausgezogen sei. Deshalb kämen seine Flanken derzeit ein wenig ungenau, und seine Schüsse träfen auch das Tor nicht so recht ...

Der Arbeitgeber des Idols, sein Präsident, der Vize und der Manager haben diese Erklärung akzeptiert und voller Verständnis gegenüber der Öffentlichkeit verteidigt.

Sie haben ihn gedeckt, statt ihn zu deckeln. Statt dem Millionär in kurzen Hosen unmissverständlich zu sagen: Klär deine Eheprobleme zu Hause. Von uns wirst du fürs Fußballspielen bezahlt.

Noch ein anderer Kollege mit dicken Waden und dickem Konto schien zuletzt nicht ganz bei der Sache. Er war, wie man heute so schön sagt, »mental nicht so gut drauf«. Seine Frau erwartete nämlich das

Je höher einer in den Himmel gejubelt wird, desto schneller verliert er die Bodenhaftung.

dritte Kind, und deshalb konnte er sich nicht mehr so recht auf sein Mitwirken in der Mannschaft konzentrieren. Die Mannschaft ist deshalb aus einem internationalen Wettbewerb ausgeschieden. Die Schuld daran bekam – wie selbstverständlich – der Trainer, nicht der Star.

Natürlich hat jeder das Recht, einen schlechten Tag oder einen Durchhänger zu haben. Und die sprichwörtlich versalzene Suppe des verliebten Kochs ist ja nur eines der vielen verzeihlichen Beispiele.

Mich regt allerdings die Selbstverständlichkeit auf, mit der mancher »Star« Rechte in Anspruch nimmt, die kein anderer hat, das auch noch öffentlich tut und beleidigt reagiert, wenn die Fans (aus deren Eintrittsgeldern sich ein Gutteil der »Star-Gehälter« finanziert) das nicht so ohne weiteres schlucken.

Der Eindruck täuscht schon lange nicht mehr: Je höher einer in den Himmel gejubelt wird, desto schneller verliert er die Bodenhaftung. Er meint, unangreifbar zu sein, obwohl er auf dem Spielfeld nicht mehr angreift.

Ich neide niemandem seine Verdienste, auch nicht seinen Verdienst. Gute Arbeit muss gut bezahlt werden. Aber man darf nie vergessen, dass auf die kleine Silbe »Ver-« schon das große Wort »Dienst« folgt. Je mehr ich in der Öffentlichkeit stehe, desto bewusster muss mir das sein – vor allem dann, wenn ich anderen ein Vorbild sein will. Ein Freund schrieb mir einmal: »So mancher scheiterte schon, weil er vergessen hat, dass Leben Dienst bedeutet.«

Und ein Scheitern im Leben ist sogar noch schlimmer als ein Scheitern im UEFA-Cup ...

Über billige Ausreden und wertvolle Wahrheiten

Es war natürlich nicht tragisch, dass an diesem Tag die Post nicht kam, es war nur ärgerlich. Aber bitte – das dafür verantwortliche Unternehmen gilt als kundenfreundlich, es würde seinem Kunden Auskunft geben über den Verbleib seiner Briefe, Mitteilungen, Zeitungen.

Ich rief dort an, wurde verbunden. Wurde falsch verbunden, zurück verbunden, hin und her verbunden. Und stieß bei meinen Versuchen, die Wahrheit über die Betriebspanne zu erfahren, immer nur auf Notlügen, Ausreden, Schwindeleien.

Keiner hat die Wahrheit erzählt, niemand fand das kleine bisschen Mut, zu sagen, was wirklich passiert war. Ob sich der Zusteller den Fuß verknackst hatte oder seine schwangere Frau zur Entbindung in die Klinik bringen musste. Oder was auch immer.

Das hätte ich verstanden, bedauert, verziehen.

Am Ende meiner erfolglosen Telefon-Odyssee war aus kleiner Verärgerung handfeste Wut geworden. Weil das Gefühl, zum belogenen Narren gehalten zu werden, die Menschen zornig macht wie nur wenig anderes.

»Wer die Menschen kennenlernen will, studiere ihre Entschuldigungsgründe«, schrieb Christian Friedrich Hebbel in sein Tagebuch vor 150 Jahren.

Gälte dieser Satz noch heute, würde der Dichter am Menschen wohl verzweifeln. Denn ich habe immer häufiger den Eindruck, dass unter Einsatz von viel Fantasie und gedanklicher Kunstfertigkeit aus läppischstem Anlass heraus geschwindelt wird, dass sich die oft zitierten Balken längst in die verschlungene Form von Laugenbrezeln gebogen haben müssten.

Weil wir offenbar vergessen haben, wie einfach es sein kann, die Wahrheit zu sagen. Und wie entwaffnend sie wirkt.

Im Großen, im Kleinen.

Wer die Menschen kennenlernen will, studiere ihre Entschuldigungsgründe.

Als kleines Beispiel dient die Episode vom Elektriker, mit dem ich einen Termin für 7.30 Uhr ausgemacht hatte. Der aber dann irgendwann gegen 11 Uhr eintrudelte – mit einem Lächeln und dem Satz: »Ich habe verschlafen, es tut mir leid.« Und weg war mein Zorn über frühes Aufstehen, vergebliches Warten, vertane Zeit – er hatte ja nur verschlafen ...

Das größere Beispiel, das schwerwiegendere: Die Freundin, die nach langer Zeit aus dem Ausland zurückkam. Auf deren Heimkehr man sich gefreut hat. Für deren Empfang, gemeinsam mit anderen Freunden, eine aufwendige Feier arrangiert wurde. Das hat Mühe gemacht und Zeit gekostet, auch Geld.

Dann rief sie an, wenige Stunden nur, bevor wir uns treffen wollten. Es war ihr unangenehm, das Gespräch, sie schweifte ab. Die Versuchung, sich hinter einer Schwindelei zu verstecken, war greifbar: Das Wetter habe sich überraschend verschlechtert. Ausgerechnet in der Umgebung des Airports, von dem sie abfliegen müsse, habe es stark geschneit. Ob sie deshalb pünktlich sein könne – ungewiss. Vielleicht doch lieber ein anderes Mal ...?

Die Lüge, so fintenreich eingefädelt, war beinahe perfekt. Da brach die Freundin ab, nur ein paar Meter vom Ziel entfernt. Sagte: »Ich will dir nichts vormachen, ich bin schon seit gestern in Deutschland. Aber ich komme nicht zu euch, ich besuche heute meine Mutter.«

Ob es der alten Dame schlechtginge, fragte ich noch, denn dies zumindest wäre ja ein Grund, unserer so aufwwndig vorbereiteten Willkommens-Party fernzubleiben. »Nein«, kam die Antwort, es ginge ihr eigentlich recht gut. Aber wer weiß, wie lange man einander noch habe. Der Besuch bei ihr sei jetzt einfach wichtiger als die Fete bei uns. »Tut mir leid«, sagte sie dann noch, »aber das ist einfach die Wahrheit.«

Es war schade, dass sie uns abgesagt hat. Aber es war besser, dass ihr die Wahrheit wichtiger war.

Die Wahrheit, die »einfache Wahrheit«. Warum fällt es oft so schwer, sich dazu zu bekennen ...?

Über gerechte
Zeugnisse und
vorschnelle Urteile

»Onkel Peter, ich geb dir jetzt den Papa, damit er dir mein Zeugnis vorliest.« Jens, total aufgeregt, reicht den Telefonhörer weiter, weil endlich auch ich, der Patenonkel, erfahren soll, wie es ausgefallen ist – das allererste Zeugnis seiner Schülerkarriere.

»Jens benötigt bei seinen Aufgaben noch Hilfe, arbeitet aber ausdauernd und gern. Er ist sehr motiviert«, heißt es da. »Er kann bereits kleine Geschichten erzählen, in denen er viel Phantasie zeigt.«

Der stolze Vater hält atemlos inne, ich nutze die Gelegenheit: »Alles gut und schön, mein Lieber, aber meinst du nicht, dass so was kritikloser Unsinn ist? Die Kinder können nicht früh genug begreifen, dass sie in einer Leistungsgesellschaft aufwachsen – und dazu gehören eben auch klare Leistungskriterien. Nicht so ein Geschwafel.«

Jetzt lasse ich mich nicht mehr bremsen. Erinnere den Freund daran, dass wir damals knallhart benotet wurden, von »sehr gut« bis zu »ungenügend«, der Höchststrafe. »Damit wussten wir wenigstens, woran wir waren!«

Ich habe mich richtiggehend hineingesteigert, es fällt mir schwer, dem anderen wieder zuzuhören. Dem Vater am anderen Ende der Leitung, der berichtet, wie Jens vor zwei Tagen nach Hause gekommen ist, ihm das Zeugnis aushändigte und voll angespannter Aufmerksamkeit die Reaktion abwartete. Wohl wissend, dass dieses Zeugnis so etwas wie ein Urteil über ihn darstellt: Was bist du für ein Mensch? Was kannst du schon und was noch nicht?

Das erste Zeugnis – es ist das erste Mal, dass fremde Leute dich beurteilen. Respektspersonen außerhalb des vertrauten Familienkreises. Und ganz offiziell – schwarz auf weiß, mit Stempel und Unterschrift.

Als der Vater sich am Telefon verabschiedet und mein Patensohn mir ein letztes selbstbewusstes »Tschüs« durch die Leitung gerufen hat, denke ich über meine Reaktion von eben nach. Und über meine Erfahrungen von damals.

Was bist du für ein Mensch? Was kannst du schon und was noch nicht?

Waren sie wirklich besser? Wurde mit den Noten, wie ich sie in der Grundschule bekam, wirklich geurteilt? Wurden wir nicht eher abgeurteilt?

War es nicht so, dass wir uns als Persönlichkeit wirklich nur »ausreichend« fühlten, sobald da mal eine »Vier« stand?

Denn was sagt es zum Beispiel aus, wenn die Leistungen in Deutsch mit einer nackten »Drei« bewertet werden? Viel sinnvoller ist doch der Satz: »Jens liest zügig, wirkt mitunter sogar zu eifrig und überhastet, deshalb sollte er sich etwas mehr Ruhe gönnen!« Das versteht ein Kind, und die Eltern wissen, woran sie sind.

Selbst ein leicht tadelndes »Jens arbeitet im Unterricht sehr unregelmäßig mit« ist doch nun wirklich etwas anderes als die »Vier« unter der Rubrik »Beteiligung am Unterricht«, wie das bei mir früher der Fall war. Das sind Sätze, die nicht vernichten. Formulierungen, die zu einem Zeitpunkt, an dem so ein kleiner Mann beginnt, den »Ernst des Lebens« kennenzulernen, aufbauen und helfen können.

Mögen Jens und all den anderen, die ihre ersten Zeugnisse bekamen, auch künftig Menschen begegnen, die ein gerechtes Urteil über sie abgeben. Die auch mit dem Herzen beurteilen, nicht nur mit dem Verstand. Und hinter Erfolg und Misserfolg immer auch den Menschen sehen.

Über die Höflichkeit
der Vorgesetzten

Irgendwo in diesem Land gibt es eine Behörde, deren Mitarbeiter endlich befreit auflachen können. Befreit hat sie ein Gericht – von ihrem Chef, der sich jahrelang geweigert hatte, in Büro oder Kantine nur ein einziges Mal zu lachen. Oder auch nur freundlich zu sein, zu grüßen, seinen Mitarbeitern einen schönen Tag zu wünschen.

Der Fall wurde sogar höchstrichterlich entschieden – vom Bundesarbeitsgericht in Kassel, das die Kündigung eines Abteilungsleiters für Recht erklärte. Im Urteil heißt es, dass Vorgesetzte, die sich »grob unkollegial verhalten«, gefeuert werden dürfen.

Grobe Unhöflichkeit als Kündigungsgrund. Macht sich da jetzt klammheimliche Freude breit – oder bringt manch einer von uns nicht doch ein bisschen Verständnis auf, wenn dem Chef das Lachen vergeht?

Ist denn etwa die bevorstehende Betriebsprüfung Anlass zur Heiterkeit? Bleibt noch Platz für Konventionen, wenn ein Chef sich aufs Konjunkturbarometer konzentrieren muss? Hat er noch Zeit dafür, der Kollegin beim Einsteigen in den Lift den Vortritt zu lassen? Während die Firma doch bei den Bilanzen immer weiter ins Hintertreffen gerät?

Fiel also die Entscheidung der Damen und Herren Richter aus Kassel nicht doch ein wenig zu streng aus, vielleicht sogar zu weltfremd?

Nein, das finde ich nicht. Ich erinnere mich nämlich selbst an den einen oder anderen Vorgesetzten, für den ich mir schon vor langer Zeit das Urteil von Kassel gewünscht hätte.

Von einem, dem Schlimmsten, habe ich zwar viel gelernt. Der verstand sein Handwerk und wusste mit der Sprache umzugehen. Nur die Sprache der Höflichkeit, die verstand er nicht.

Im Urteil heißt es, dass Vorgesetzte, die sich »grob unkollegial verhalten«, gefeuert werden dürfen.

»Danke« und »Bitte« schienen Fremdwörter für ihn zu sein. Grundsätzlich sah er sein Gegenüber im Gespräch nicht an. Ganz nach dem Motto: Eigentlich interessieren Sie mich doch gar nicht. Man war eben Untergebener – noch nicht einmal Mit-Arbeiter, geschweige denn Kollege. Und das bekam jeder in stets überhöhter Dosis zu spüren, ohne dass der Mann je nach den Nebenwirkungen fragte.

Er war korrekt bis in die Knochen und hätte niemals einen dienstlichen Bleistift für private Briefe benutzt. Aber selbst den knappen Glückwunsch zum Geburtstag hielt er für Verschwendung von Dienstzeit.

Kein Kompliment fiel ihm ein, auch nicht, wenn seine persönliche Vorzimmerdame mit neuer Frisur ins Büro kam.

Was haben wir unter ihm gelitten, wenn er seine Ausfälle bekam oder seine Rüffel von oben als Tritte nach unten weitergab! Ab nach Kassel, würde ich heute sagen.

Den Tatbestand »mangelhaftes Sozialverhalten«, wie ihn das Bundesarbeitsgericht feststellte, erfüllte der Mann beinahe täglich ...

Aber war er nicht in Wahrheit ein armer Kerl? Denn Höflichkeit, so habe ich inzwischen gelernt, ist die äußere Form einer inneren Haltung, ist der »Verstand des Herzens«.

Höflichkeit ist Kapital, das uns keine Konjunkturkrise nimmt.

»Höflichkeit ist eine Münze, die nur den bereichert, der sie ausgibt«, heißt es im jüdischen Talmud.

Warum also sollen wir uns mutwillig oder aus Unachtsamkeit selber arm machen ...?

Über Sparzwänge und Mutters Genesung

Früher habe ich nie so genau hingeschaut, trotzdem kam mir das Bild sofort wieder in den Sinn: Da saß diese gemütlich wirkende Frau in ihrem allerbesten Kostüm im Fernsehstudio und bat – lächelnd, aber bestimmt – die Zuschauer um Geld. Um Spenden für das Müttergenesungswerk.

Wilhelmine Lübke war das, Frau des damaligen Bundespräsidenten. Ihre Vorgängerin, Elly Heuss-Knapp, hatte die Stiftung 1950 gegründet. Und seitdem ist es gute Tradition, dass die jeweilige »First Lady« unseres Landes dem Müttergenesungswerk vorsteht und zu Spenden aufruft ...

Warum mein Gehirn diese Szenen plötzlich wieder ablaufen ließ? Die Meldung in einem Hamburger Nachrichtenmagazin gab den Anstoß. Dort stand, dass im Zuge der Gesundheitsreform immer mehr Frauen mit Kindern »von den Krankenkassen der Zuschuss zu Mütterkuren versagt wird«. Und dass, beispielsweise im NRW-Bezirk Nordrhein, die AOK-Geschäftsstellen »pro Jahr nur noch höchstens zehn Müttern Kuren zugestehen«.

In den Spendenaufrufen von früher war immer von erschöpften Nachkriegs-Müttern die Rede, von Trümmerfrauen und Akkordarbeiterinnen. Sicher, die gibt es heute nicht mehr. Aber ist der Stress für Mütter deshalb viel weniger geworden? Sind die Anforderungen so stark gesunken? Und glauben diejenigen, die diese Streichungen zu verantworten haben, tatsächlich, dass sich eine Mutter erholen kann, wenn sie mit der ganzen Familie nach Spanien muss? Und dort im engen Appartement drei Wochen lang täglich zwei warme Mahlzeiten zubereitet – aber bitte pünktlich, denn ihre Liebsten sind ja so hungrig nach einem schönen Tag am Strand ...

Haben die Herren mit dem Rotstift nicht daran gedacht, dass unter den 2,5 Millionen Frauen, denen bislang solch eine Kur bewilligt wurde, auch viele Mütter waren, die sich das ganze Jahr über um chronisch kranke und behinderte Kinder kümmern?

Nein, haben sie wohl nicht.

Und auch nicht an die Klagen ihrer Kollegen in den Fachausschüssen für Familienpolitik. Die bejammern nämlich gern die Kinderfeindlichkeit in unserem Land und

Mütter sparen an allem – nur niemals an der Gesundheit ihrer Kinder.

warnen davor, die »Ein-Kind-Familie« zum Regelfall zu machen. Ich kenne einen Herrn aus der Kommunalpolitik, der stürzte sich im Wahlkampf auf eine junge Frau, die ihren gelähmten Sohn im Rollstuhl vor sich herschob. »Hut ab!«, sagte er immer wieder vor den Reporter-Mikrofonen, nachdem er erfahren hatte, dass sie den Jungen niemals in ein staatliches Pflegeheim geben würde.

Wie der nächste Urlaub dieser Mutter aussehen wird, interessiert ihn vermutlich nicht.

Hut ab?

Es ist auch bezeichnend, was die Angestellte einer Krankenkasse einer kinderreichen Frau antwortete, die wegen einer Kur nachfragte: »Wovon müssen Sie sich denn erholen – Sie sind doch gar nicht berufstätig?«

Wir müssen sparen. Sicher, im Gesundheitswesen leben wir schon lange über unsere Verhältnisse. Natürlich, gerade mit Kuren wird viel Missbrauch getrieben, mancher hat die jährliche Kur gar als »zweiten Urlaub« eingeplant.

Aber Mütter wissen am besten, was Sparen bedeutet. Sie trainieren es jeden Tag: im Supermarkt und wenn der Nachwuchs wieder neue Kleidung braucht – oder Spielsachen, Sportausrüstung, Computerzubehör.

Nur an einem würden gute Mütter niemals sparen: an der Gesundheit ihrer Kinder.

Über gequälte Tiere und gerechte Strafen

Zunächst sahen die Leute noch ganz amüsiert hin. Da rannte ein kleiner Junge die Straße entlang, verfolgt von einem Hund. Die Szene hatte etwas beinahe slapstickartiges, denn der Vierbeiner, eine 12-jährige Promenadenmischung, konnte nur mühsam mit dem flinken Buben mithalten. Er keuchte hinterher, schnappte höchstens einmal spielerisch nach dem Kind. Als es stolperte und hinfiel, stoppte auch das Tier – das Spiel war zu Ende. Dachten die Passanten und drehten die Köpfe weg, setzten ihren unterbrochenen Weg fort. Wer dennoch stehenblieb, wurde Zeuge einer Szene von erschreckender Brutalität: Der Vater des Jungen tauchte auf, stürzte sich auf den winselnden Hund, traktierte ihn mit Tritten, mit Schlägen.

So stand es später in den Gerichtsakten zu lesen, und dort stand auch, dass der Hund kurze Zeit darauf an seinen Verletzungen gestorben ist.

Es kam zum Prozess. Zunächst sollte der Mann 300 Euro Strafe dafür bezahlen, dass er einen Hund zu Tode getreten hatte. Doch die nächsthöhere Instanz schickte den Angeklagten schließlich sogar für einen Monat ins Gefängnis.

Doch bevor sich jetzt Tierfreunde in Deutschland über diesen Fortschritt der Rechtsprechung freuen, sei erwähnt: Dieses Urteil wurde weder in Rostock noch in Passau gesprochen, sondern in Singapur.

Bei uns gelten nach wie vor andere Richtlinien. Oft sind sie verschwommen und konturlos, häufiger noch zeugen sie sogar von fast skandalöser Hartherzigkeit. So ließen die Richter einen Angeklagten laufen, nachdem er laut genug beteuert hatte, wie tierlieb er doch in Wahrheit sei. Dass er – im Beisein zahlreicher Augenzeugen – einen kleinen Welpen erst in die Luft geschleudert und dann auf den Boden geknallt hatte, spielte plötzlich keine Rolle mehr.

Sind Gott die Tiere besser gelungen als die Menschen? Und als einer seine Katze qualvoll verenden ließ, weil er zu geizig war, sie vom Tierarzt behandeln zu lassen, kam dieser Fall erst gar nicht zur Verhandlung. Sondern wurde als »Bagatellsache« abgelegt. Man schüttelt ja ohnehin den Kopf, dass in einem Land wie dem unseren Tiere bis vor kurzem noch als »Sache« bezeichnet wurden. Hat das nicht auch unsere Einstellung – und die vieler Richter – viel zu nachhaltig geprägt?

Erst seit 1990 gelten die Tiere im Bürgerlichen Gesetzbuch endlich als das, was sie sind und immer schon waren – als »Mitgeschöpfe und schmerzempfindliche Lebewesen«. Und in der bayerischen Verfassungsreform werden Tiere als Mitgeschöpfe »unter den besonderen Schutz des Staates« gestellt.

Tiere sind nicht die Ausschussware der Schöpfung, sondern ein wichtiger Teil von ihr. Gott, so steht es in der Bibel, brauchte sechs Tage, um die Welt zu erschaffen. Zwei Tage davon nahm er sich Zeit für die Tiere.

Bisweilen, wenn ich unseren Familienkater Charly kraule, glaube ich, dass ihm die Tiere besser gelungen sind als mancher Mensch ...

Über kleine Giftpfeile und große Wirkung

Geschehen in Frankreich: Da erschoss sich ein 50-jähriger Lehrer. Schlussstrich unter eine Tragödie. Über ihn war das Gerücht im Umlauf, er habe einen seiner Schüler missbraucht. Der 13-Jährige stellte erst nach dem Selbstmord klar, dass an der Sache nichts dran sei. Zu spät – der unschuldige Lehrer hatte den öffentlichen Druck einfach nicht mehr ausgehalten.

Ein Fall, so meine ich, der nicht so schnell zu den Akten des Vergessens gelegt werden sollte. Wenn auch nicht in solcher Dramatik, so passiert unter uns Ähnliches doch dauernd. Täglich werden tausend Tode gestorben – im Herzen, im Stillen, im Verborgenen. Wie viele mögen neben uns leben, die unter der Lawine von Getuschel und Getratsche, von Gerüchten und übler Nachrede längst erdrückt sind?

Zu Beginn meiner Berufszeit hatte ich ein Erlebnis, das mir bis heute zu denken gibt. Erst als der Kollege gekündigt hatte, wurde mir so richtig klar, was da alles abgelaufen war. Zunächst wurde in der Abteilung nur ein wenig getuschelt, ganz harmlos und ohne böse Absicht: ob denn eigentlich schon bemerkt worden sei, dass der Kollege X in letzter Zeit auffallend schicke Krawatten trage.

Dann zielten die Geschütze schon etwas hinterhältiger. Zusammen mit seiner Frau, so wussten einige zu berichten, sei er schon länger nicht mehr gesichtet worden. Früher habe sie ihn doch nach dem Spätdienst meist mit dem Auto abgeholt, damit er mit dem Bus nicht so oft umsteigen musste.

Und nun sei er doch schon ein paar Mal im Pkw der Sekretärin mitgefahren. Was nichts zu bedeuten hätte … Überhaupt säßen die beiden auffällig oft in der Kantine am selben Tisch.

Die Wirtin hatte auch nichts Eiligeres zu tun, als die Gerüchteküche anzuheizen: »Die haben ein Verhältnis, das sieht doch jeder«, spielte sie die erfahrene Beobachterin. Da deren Mann im Wohnort meines Kollegen arbeitete, musste die Ehefrau eines Tages doppeldeutig und mit Unterton hören: »Ach, Ihr Mann muss ja hart ran und kommt immer später nach Hause.«

Täglich werden tausend Tode gestorben – im Stillen, im Verborgenen …

Irgendwie war das Gerücht bereits ein Selbstläufer, bevor der Kollege die ganze Tragweite erfasste. Wie eine Lawine walzten die Gerüchte die Wahrheit nieder. An der ganzen Sache war überhaupt nichts dran. Warum sollte der Kollege nicht mal mit seiner Sekretärin essen gehen oder sich ein paar modische Krawatten kaufen …

Überall wurde gewispert und geflüstert, ob am Kopiergerät oder im Fahrstuhl. Vielen schienen die kleinen Verdächtigungen großes Vergnügen zu bereiten. Und niemand bemerkte darüber, dass unser Kollege immer stiller wurde und sich abkapselte. Seine ansteckende Fröhlichkeit war wie weggeblasen und sein Humor wie ausgelöscht. Er isolierte sich immer mehr, ging kaum noch in die Kantine, und im Stammlokal war er auch nicht mehr zu sehen.

Eines Morgens war sein Schreibtisch leer. Kündigung ohne Abschied, die Giftpfeile hatten ihn niedergestreckt. Auch Worte können töten, nach dem Motto: Nur kräftig verleumden, es wird schon etwas hängenbleiben. Dabei gehören Klatsch und Lüge doch meist zusammen wie Bruder und Schwester.

Täglich können wir am Arbeitsplatz oder in der Nachbarschaft die Erfahrung machen, dass zu einem Gespräch immer mindestens drei gehören: zwei, die reden, und einer, über den geredet wird.

Und weil das so ist, empfiehlt Martin Luther, der dem Volk ja bekanntlich »aufs Maul geschaut« hat, dass es nur eine Form von Nachrede geben sollte: über andere Gutes sagen.

Über Sprach-
schöpfungen und
Fremdenfreundlichkeit

Es war beim Durchblättern der neuesten Agenturmeldungen. Eine Überschrift fiel mir auf, wenig originell im politischen Alltag: »Streit im Bundestag«. Ich dachte sofort an Gezänk um Steuern und Renten. Doch als ich weiterlas, wähnte ich mich eher in Schilda als in Berlin.

Der »Streit« erwies sich nämlich als Auseinandersetzung um den Namen eines der vielen Bundestagsausschüsse. Die Grünen, so wurde gemeldet, hatten ganz offiziell im Parlament einen Antrag eingebracht, den »Ausschuss für Tourismus« umzutaufen. Die Begründung: Der Begriff »Fremdenverkehr« sei unpassend und diskriminiere ausländische wie inländische Urlauber. Dem widersprach vehement der Sprecher der CSU. Mit diesem Vorschlag, so wurde er zitiert, versuchten die Grünen jeden, der das Wort »Fremdenverkehr« benutze, in eine ausländerfeindliche Ecke zu stellen.

Liebe Volksvertreter, habt Ihr keine anderen Probleme? Glaubt Ihr wirklich, durch simple Namensänderung auch gleich die Sache ändern zu können? Nach dem Motto: Man nehme einen frischen Anstrich, mache aus Fremden Touristen, und schon wandelt sich vermeintliche Feindlichkeit in reale Freundlichkeit. Das klingt nach der guten Fee, ist in Wahrheit aber schlichter Etikettenschwindel.

Und zudem wenig originell. Vor Jahren gab es schon einmal eine Welle neuer Sprachschöpfungen, damals wollte man bestimmte Berufsgruppen vor angeblicher Minderwertigkeit schützen. Am Berufsbild, also dem entscheidenden Inhalt, änderte man kaum etwas. Nur ein klangvoller Name sollte her.

Aus der Putzfrau wurde die Raumpflegerin, sozusagen als Kollegin der Alten- und Krankenpflegerin. Nur, dass die statt Menschen eben Räume pflegt. »Ich bin und bleibe Putzfrau, auch wenn ich unter dem schrecklichen Namen Reinigungskraft eingestellt wurde«, sagte mir die selbstbewusste Dame, die mein Büro in Schuss hält.

Ein Dorf, das man sieht, braucht kein Ortsschild ...

Wer korrekt sein wollte, nannte Lehrlinge »Auszubildende«, ohne zu merken, dass man einen jungen Menschen durch diese Wortschöpfung zum passiven Objekt von Ausbildung herabstuft. Oder das schöne Wort Briefträger, das in »Postzusteller« gewandelt wurde – um nur einige Beispiele dieses sprachschöpferischen Unsinns aufzulisten.

Nun wollte man also den »Fremdenverkehr« aus unserer Sprache verbannen und durch das Wort »Tourismus« ersetzen. »Das klingt doch gleich nach Industrie und Geschäft«, meinte spontan eine Bekannte, die ich auf die Nachricht ansprach. Und wie lange mag die neue Bezeichnung wohl Geltung haben? Bis man von Touristenfeindlichkeit statt von Fremdenfeindlichkeit spricht?

Es kommt doch nun wirklich nicht aufs Etikett an. Was nützt der klangvollste Name, wenn der Inhalt nichts taugt? Entscheidend ist, dass ich einen Fremden, der als Tourist unser Land besucht, eben nicht wie einen Fremden, einen Außenstehenden behandele.

Solange Fremdenverkehr nicht in echte Gastfreundschaft mündet, kann ich's nennen, wie ich will. Ich bin Fremden schuldig, was ich selber als Urlauber in den anderen Ländern erwarte. Und wenn es tausendmal abgedroschen klingt, so geht es letztlich doch um diese alte Binsenweisheit: als Fremder kommen, als Freund gehen. Wer unser Land besucht, muss merken, dass er willkommen ist – gleichgültig, wie offizielle Stellen ihn bezeichnen.

»Ein Dorf, das man sieht, braucht kein Ortsschild«, sagt ein bulgarisches Sprichwort. Bulgarien übrigens liegt in der Fremde. Fahren Sie doch mal hin ...

Über alte Mütter und egoistische Wünsche

Die Mutter ist wohlauf, der Vater glücklich, der Arzt stolz. Und der Säugling, eigentlicher Anlass für all diese Empfindungen, landete, als knapp eintausend Gramm leichtes Frühchen, im Brutkasten.

Man musste das winzig kleine Mädchen, es heißt Roswitha, so vorzeitig auf diese Welt zwingen – Mutter und Kind hätten sonst nicht überlebt.

Aber jetzt kann sich diese Mutter ins »Guinnessbuch der Rekorde« eintragen lassen: als älteste Frau, die im deutschsprachigen Raum je von einem Baby entbunden wurde.

61 Jahre alt, eine Rentnerin aus Österreich. Der Ehemann, dessen Samen man zur Zeugung von Roswitha benötigte, zählt noch einmal zehn Jahre mehr.

»Mama« und »Papa« werden sie sich bald rufen lassen dürfen ...

Maria L., die Österreicherin. Und vor Monaten eine 63-jährige Frau aus den USA, die sogar den eigenen Arzt belog, um von ihm behandelt zu werden: Sie machte sich zehn Jahre jünger, gebar ein gesundes Kind.

Zwei Meldungen, die überall zu lesen waren. Doch längst machen die alten Mütter nicht mehr weltweit Schlagzeilen, längst spricht keiner mehr von »medizinischer Sensation«.

Die Mutterschaft von Frauen, deren biologische Uhr eigentlich abgelaufen ist, wird im Tagesgeschäft registriert, nicht mehr. Der Vorgang erzeugt, seiner relativen Häufigkeit wegen, schon beinahe nirgendwo mehr großes Aufsehen.

Ich fürchte, wir sind dabei, uns zu schnell und zu gedankenlos an etwas zu gewöhnen, das schon ein paar Gedanken lohnt. Maria L. zum Beispiel, die sich aufgrund ihres Wohlstands die teure Behandlung in den USA leisten konnte, muss ja gewusst haben, dass sie bei dieser Spät-Schwangerschaft nicht nur – schlimm genug – das eigene Leben riskiert, sondern auch das Leben des ungeborenen Kindes.

Ein Kind ist kein Spielzeug, das man sich nach Belieben zulegt, um es nach Gebrauch wieder an die Seite zu legen.

Vor der notwendigen Eizellenspende, die von einer 24-Jährigen kam, wird sie der Arzt darauf hingewiesen haben, was geschehen kann – und vieles davon trat dann auch tatsächlich ein: Nach der Hälfte der Schwangerschaftszeit kam es zu Wehen, Maria L. litt unter Bluthochdruck, der Embryo wuchs nicht mehr. Schließlich musste Kortison gespritzt werden, um das Wachstum des Ungeborenen medikamentös zu beschleunigen.

Sicher, alles ist gutgegangen. Und als kritische Stimmen von der Mutter wissen wollten, was denn später sei, wenn sie und ihr Mann Probleme hätten, einem heranwachsenden kleinen Menschen gerecht zu werden, antwortete Maria L.: »Dann wird sich unser Sohn um die Rosi kümmern ...«

Sie hat diesen Satz bestimmt nicht so zynisch gemeint, wie ich ihn empfinde. Aber in meinen Ohren klingt hier der ganze Egoismus durch, den ich immer mitschwingen höre, wenn ich über solche Fälle nachdenke. Ein Kind ist kein Spielzeug, das man sich nach Belieben zulegt, um es nach Gebrauch wieder auf die Seite zu legen.

Und wer hofft, er könne wieder 30 sein, wenn er mit 60 noch ein Kind kriegt, gibt sich einer schrecklichen Illusion hin. Die englische Autorin Julie Burchill hat einmal geschrieben: »Auch eine sehr, sehr späte Geburt wird den Tod nicht für immer aus unserem Leben verdrängen können.«

Ich wünsche Rosis Mutter dennoch alles Glück und jede Zufriedenheit dieser Welt.

Weil ich davon überzeugt bin, dass diese Frau nach der Verwirklichung ihres törichten Wunsches jeden guten Wunsch sehr nötig brauchen wird ...

Über kluge Richter und gerechte Urteile

Das Delikt heißt Ladendiebstahl und ist bei uns längst zu einem traurigen Volkssport geworden: Über 600 000 Deutsche werden jedes Jahr beim Stehlen erwischt, angezeigt und verurteilt.

Darunter sind auch junge Leute wie Carsten, der 18-Jährige aus Berlin-Reinickendorf. Ring im Ohr, die Baseballkappe mit dem Mützenschirm nach hinten auf dem stoppelkurzen Blondhaar.

Der Bursche hatte einen Klops geklaut, dieses hackfleischhaltige Gebilde, das die Berliner Bulette nennen. Und so, wie Carsten im berühmten Kriminalgericht von Moabit den Vorgang vor Staatsanwalt, Richter und beiden Schöffen schilderte, klang das schon beinahe wieder komisch:

Brüllenden Hunger habe er gehabt, erzählte der Angeklagte, und deshalb hätte er sich im Supermarkt die Bulette von der Wursttheke gegriffen und sofort hineingebissen.

Carsten weiter: »Auf dem Weg zur Kasse habe ich dann bemerkt, dass ich kein Geld dabeihabe. So angebissen, konnte ich den Klops auch nicht zurücklegen. Also steckte ich ihn in die Tasche. Und weg.«

Und stopp:

Ein Zeuge beobachtete ihn dabei, am Ausgang wurde der Klops-Klauer geschnappt.

Dreißig Minuten dauerte die Verhandlung; Justitia

34

kennt Carsten ziemlich gut. Er war schon einmal in eine etwas undurchsichtige Sache verwickelt gewesen: Es ging um eine Prügelei und einen Pullover, der anschließend nicht mehr aufzutreiben war. Zwei Jahre bekam er damals, auf Bewährung.

Und diesmal? Diesmal, als es um ein Lebensmittel ging, das im Supermarkt mit 95 Cent ausgezeichnet war?

Diesmal fällte der Richter ein Urteil, das mich in seiner Lebensklugheit und Weisheit ein bisschen an Salomo, den König Israels, erinnerte. Der Mann in der Robe verfügte nämlich, dass der Angeklagte 50 Buletten à 95 Cent kaufen musste, um sie an Obdachlose zu verteilen.

Genauso ist das auch geschehen, *Er hatte ja nur einen* und dieses Urteil, so finde ich, sollte *Klops geklaut ...* mehr sein als nur eine Notiz in einer Berliner Tageszeitung.

Denn was wäre deutsche Gerichtsroutine gewesen? Dass man Carsten nach dem entsprechenden Paragraphen verurteilt, seine Bewährung widerrufen und den Burschen ins Gefängnis gesteckt hätte.

Für einen geklauten Klops.

Oder man hätte es bei einer Geldstrafe bewenden lassen, und das Geld wäre in der Staatskasse verschwunden. Verwendungszweck: unbekannt, anonym.

So aber war der Ladendieb gezwungen, Menschen zu helfen, denen es so schlecht geht, dass eine Bulette für sie bereits ein dankbar angenommenes Geschenk ist. Und so ist auch ihm die Chance nicht genommen worden, sich doch noch zu bewähren.

Und für mich das Wichtigste: Für uns Bürger ist dies ein Urteil, das nachvollziehbar ist. Das einen Bezug zur Tat hat und angemessen zu sein scheint. Natürlich: Um gerecht zu sein, muss unser Recht bisweilen so kompliziert sein, dass es nicht für jedermann und auf den ersten Blick sofort durchschaubar scheint.

Bisweilen – aber nicht immer öfter.

Denn in erster Linie verfügt das Volk, in dessen Namen bei uns Urteile gesprochen werden, über den Anspruch darauf, verstehen zu dürfen, was man spricht.

Der kluge Richter von Berlin hat das begriffen.

Über spielende Kinder und geschwindelte Antworten

Meine Kollegin studierte die Meldung genau, warf sie schließlich zerknüllt in den Papierkorb und empörte sich: »Das glaubt doch kein Mensch!« Sie zweifelte an der Wahrhaftigkeit eines Umfrageergebnisses, das von der Agentur übermittelt worden war – Sie haben es vielleicht auch in den Zeitungen gelesen und sich ebenso darüber gewundert.

Auf die Frage nämlich, was einen an seinen Nachbarn besonders stört, hatten die meisten »Klatsch und Tratsch« geantwortet. 43 Prozent, das kann ja noch angehen. Auch, dass sich 30 Prozent über zu viel Krach beschwerten. Allerdings nur ein Prozent über spielende und lärmende Kinder. Ein winziges Prozent!

Jetzt lachte die Kollegin unfroh und sagte: »Meine Schwiegermutter ist Maklerin, die hätte man mal fragen sollen.« Sie könne wahre Schauergeschichten erzählen vom ach so kinderlieben Deutschland. Die erste hoffnungsvolle Frage der Vermieter sei nämlich meist, ob es sich bei dem Interessenten um einen Single, um eine Einzelperson, handle? Wenn nicht, dann doch wenigstens um ein Ehepaar ohne Kinder? Zwar habe man ja eigentlich nichts gegen die Kleinen und wolle natürlich nicht missverstanden werden. Aber die Wohnung sei gerade renoviert worden und der helle Teppichboden funkelnagelneu ...

Doch man braucht keine Immobilienmaklerin in der Familie, um Zweifel am Ergebnis dieser Umfrage zu haben. Mir scheint, als habe mancher seine Kinderfreundlichkeit extra für solche Umfragen aufbewahrt. Ähnlich gut macht sich offen zur Schau gestellte Kinderliebe sonst nur noch in der Werbung, wo die lieben Kleinen lautstark herumtollen dürfen – wenn Mami nur rechtzeitig mit der gewissen Joghurt-Sorte erscheint.

»Bei euch geht es den Kindern aber gut«, staunte denn auch ein afrikanischer Pastor, der zum ersten Mal zu Besuch war. Zu diesem Zeitpunkt hatte der Pastor allerdings von Deutschland noch nicht viel mehr mitbekommen als die Werbespots, an denen er sich einen Fernsehabend lang begeisterte ...

Gibt es Kinderfreundlichkeit nur noch in Zeitungsumfragen?

Die Charta der Vereinten Nationen stellt fest: »Kinder sind kostbarster Reichtum eines Landes.« Aber kein Mensch käme auf die Idee, Reichtum und Geschenke so zu behandeln, wie es bei uns häufig mit Kindern geschieht. Der Kinderwagen, das Dreirad im Treppenhaus? Da sei die Hausordnung vor! Babygeschrei um Mitternacht? Dagegen ist der nächtliche Disco-Sound aus dem CD-Player doch ein Wohlklang!

Ich werde nie den Aufruhr vergessen, als in das Haus, in dem ich meine allererste Wohnung gemietet hatte, eine Familie mit drei Kindern einzog – vier, sechs und acht Jahre alt. Der Hausmeister bekam Angst, dass die bisher kinderfreie Zone nun im Chaos versinkt. Dass Geländer im Treppenhaus zur Rutschpartie und der stets gepflegte Rasen zum Fußballspiel einladen könnten – trotz des Schildes »Betreten verboten«. Bald hagelte es Beschwerden, Unterschriftenlisten kursierten, die ersten drohten mit Mietkürzung. Und das alles wegen dreier Kinder, die eben keine dressierten kleinen Erwachsenen waren.

Ich bewunderte deren Eltern, die das alles ertrugen, geplagt von der Angst, sich mit den kleinen Kindern eine neue Wohnung suchen zu müssen. »Sie glauben ja gar nicht, wie demütigend das ist«, sagte mir die Mutter.

Aber langsam gewöhnten wir uns alle aneinander. Bald gehörte der Kindergeburtstag auf dem Rasen genauso dazu wie die Räder und Spielsachen vor der Haustür. Und als die Leute nach vier Jahren auszogen, weil der Vater versetzt worden war, da meinte meine Nachbarin (die mit der Unterschriftenliste!): »Schade, jetzt herrscht wieder Friedhofsruhe bei uns.«

Sie hatte wohl begriffen, dass Kindergeschrei nichts anderes ist als Zukunftsmusik.

Aber bis Menschen wie sie eine 99-prozentige Mehrheit bilden, haben wir noch einen langen Weg vor uns. Und viele, viele Umfragen.

Über verlorenen Mut und verweigerte Hilfe

Eigentlich wollte ich sie gleich zur Seite legen. Dann habe ich doch begonnen, ein wenig darin zu blättern, eher routiniert als wirklich interessiert. Denn was würde die aktuelle »Shell-Jugendstudie« schon Überraschendes bieten können? Atomkrieg, Umweltverschmutzung, Nord-Süd-Konflikt – eben die gesammelten Ängste von rund 2000 jungen Menschen zwischen 12 und 24 Jahren.

Dann jedoch bin ich an einigen Sätzen dieser Studie hängengeblieben, durch die die Distanz des Journalisten gründlich erschüttert wurde. Jeder zweite, so war da zu lesen, nennt als seine Hauptangst, nach dem Schulabschluss ohne Job dazustehen.

Und es kam noch dicker: Viele haben sich bereits mit 15, 16 Jahren damit abgefunden, in unserer Gesellschaft keinen Platz zu finden. Sie sehen keine Chance mehr für ihre Zukunft und haben all das, was wir so gemeinhin mit Karriere und Erfolg bezeichnen, für sich selbst schon abgehakt. Längst bevor sie angefangen haben, ihren Platz zu suchen, haben sie aufgegeben.

Wer so denkt und spricht, zählt sich zur Generation der Verlorenen – felsenfest davon überzeugt, niemals gebraucht zu werden.

Wo ist der Schwung dieser jungen Leute geblieben? Die Power, die sie ja nicht nur bei Disco-Sound und

»Love Parade« demonstrieren, sondern auch in ihrem Engagement für Naturschutz und Menschenrechte? Warum so wenig Mut und so viel Resignation?

Man darf solche Fragen stellen, doch man darf sie nicht nur denen stellen, die in der »Shell-Studie« ihre Ängste formuliert haben.

Denn wer sich über die Befindlichkeit unserer Jugend wundert, soll sich zunächst einmal über sich selbst wundern. Und über die Gesellschaft, in die diese jungen Leute hineingeboren werden.

Wie sollen sie andere Lieder anstimmen als das Klagelied, das sie täglich von uns Erwachsenen hören, wenn wir im Selbstmitleid schwelgen?

Jede Elterngeneration hat bekanntlich die Kinder, die sie verdient.

Wo ist denn die aktive Hilfe derjenigen, die es geschafft haben? Die bleiben auf ihren Pfründen sitzen und wollen nichts abgeben – außer altklugen Ratschlägen. Wir verbauen den Jugendlichen die Zukunft, wenn wir den Eindruck vermitteln, dass die Suche nach Lehrstellen einem Lotteriespiel mit geringen Gewinnchancen gleicht und selbst die beste Ausbildung in Arbeitslosigkeit endet.

Der Vertrag zwischen den Generationen ist mehr als Renten und Erben.

Für viele ist die Jugend nur als Käuferschicht interessant. Andere missbrauchen Jugendliche als anonyme statistische Größe, um aus akademischer Distanz heraus den Zustand unserer Gesellschaft zu bejammern.

Jugendliche müssen das Gefühl bekommen: Wir gehören dazu und sind nicht abgeschrieben.

Wir haben eine faire Chance.

Wir werden gebraucht.

Der Generationsvertrag ist mehr als Geld und Zinsen, als Renten und Erben. Wir Älteren haben den Jüngeren den Mut vorzuleben und weiterzugeben, den wir in ihrem Alter selbst hatten.

Damit aus einer »verlorenen Generation« endlich wieder eine Generation der Hoffenden und Zuversichtlichen wird.

Dabei geht es nicht um die Erfüllung naiver Jugendträume. Es geht, wenn ich diese Studie richtig verstanden habe, um alles.

Über gespielte Stärke und Mut zur Schwäche

Er war der geborene Siegertyp, ihm schien alles zu gelingen. Als Facharbeiter hatte Wolfgang, auch nach dem Umzug in unsere Stadt, schnell wieder eine gute Stelle bekommen. Er wirkte unangreifbar, als könnte ihn nichts umhauen. An ihm, so ließ er alle anderen spüren, perlten Probleme ab wie Wassertropfen vom Geschirr, wenn man das richtige Spülmittel benutzt.

Und wenn ich darüber nachdenke: Selbst bei einem harmlosen Freizeitspaß wie unseren sonntäglichen Radausflügen war er der Letzte, der zugeben wollte, dass auch ihm die Puste ausging.

Neben ihm kam sich jeder irgendwie mickrig vor mit seinen kleinen und großen Alltagssorgen. Das wirkte sich schließlich auf das Verhalten der Gruppe ihm gegenüber aus – aber anders, als Wolfgang sich das wohl vorgestellt hatte: Um den lauten Wolfgang wurde es immer stiller. Mochte er sich noch so stark und mächtig gebärden – bald war er allein.

Denn wer wollte schon sich und seine Probleme einem scheinbar so problemfreien Menschen anvertrauen? Man musste ja Angst haben, von ihm ausgelacht oder als Schwächling dargestellt zu werden. Unser Freund Wolfgang war so sehr damit beschäftigt, die strahlende Fassade des eigenen Egos auf Hochglanz zu polieren, dass er nicht merkte, wie er sich zunehmend isolierte.

Mir fällt der andere ein, das genaue Gegenstück. Damals, am neuen Arbeitsplatz, war er der Erste, der mich in die Kantine mitnahm. Als Vorgesetzter den noch namenlosen Untergebenen. Bei diesem gemeinsamen Mittagessen gewann ich den Eindruck, dass sein Geschäft das Jammern sei. Er erzählte von seinen Kindern und hatte wohl mehr Angst vor deren Zeugnissen als sie selbst. Wie sehr ihm das Darlehen für das neue Haus zu schaffen mache, erfuhr ich am nächsten Tag. Und glaubte bald, jedes seiner Wehwehchen zu kennen. Ein echter Jammerlappen, lautete mein ahnungsloses, vorschnelles Urteil.

Bis ich plötzlich selbst zu erzählen begann. Über die Schwierigkeiten, mich an neuem Ort und neuer Arbeitsstelle zurechtzufinden. Darüber, wie anders ich mir manches vorgestellt hatte. Und auch darüber, dass mir jetzt die Krankheit meines Vaters Sorge bereitete.

Keiner verliert Stärke, sobald er Schwäche zeigt. Ich sagte das dem Fremden, weil ich merkte: Zu dem kann ich Vertrauen haben, weil ihm selbst nicht alles glatt von der Hand geht. Mit dem konnte ich reden – und er würde nichts von dem Gesagten gegen mich verwenden, obwohl er mein Vorgesetzter war. Vor einem wie ihm musste niemand den starken Mann markieren – weil er selber ja bereit war, Schwäche zu zeigen.

»Sorgen sind wie ein kostbarer Schatz, den man nur den Freunden zeigt«, las ich neulich. Und Fassade ist keine Basis – nicht für Vertrautheit, schon gar nicht für Freundschaft.

Zum Menschsein gehört die Schwäche. Und das Eingeständnis, dass einem eben nicht immer alles gelingt und das Leben nicht aus lauter Glückssträhnen geflochten ist. Keiner verliert wirklich Stärke, sobald er Schwächen zeigt und zugibt. Diese Art von »Jammern« kann gesund sein – weil sie bisweilen den Anfang vom Ende der Sorgen darstellt.

Natürlich gibt es auch die notorischen Nörgler und Jammer-Typen, deren Lamento kein Ende findet. Leute, die das Leben auf einem wildrotierenden Krisen-Karussell zubringen. Die nur noch negativ denken und jeden Gesprächspartner zum Müllschlucker ihrer Probleme machen. Doch von denen ist hier nicht die Rede.

Sondern von denen, die wissen, dass sich die Kraft, die notwendig ist, den anderen Stärke vorzumachen, gewinnbringender anderswo einsetzen lässt.

Zum Beispiel beim Eingestehen eigener Schwächen. Und beim Versuch, sich helfen zu lassen.

Über große Vorsätze und kleine Erfolge

Am besten sage ich es mit den Worten des legendären Butlers, der an Silvester wieder in den dritten Fernsehprogrammen über das Tigerfell stolpern wird: »Same procedure as every year« – jedes Jahr das Gleiche. Bei mir allerdings ist es kein »Dinner for one« – ich setze mich kurz vor Jahresende ein Stündchen in den Sessel und blättere im Kalender des zu Ende gehenden Jahres. So ganz allein, so ganz »for one«. Und lese dabei die Notizen, die ich mir Tag für Tag gemacht habe. Das geschieht im »Rückwärtsgang«, also vom Jahresende bis zum 1. Januar.

Bei Neujahr angekommen, folgt regelmäßig wiederkehrend die Frage: »Was hattest du dir vorgenommen, als die Glocken das neue Jahr eingeläutet haben, das jetzt das alte ist?« Und genauso regelmäßig komme ich dann zu der ernüchternden Einsicht: Was auch immer ich mir vorgenommen hatte, ich habe es nicht durchgehalten. Bin daran gescheitert, dem guten Vorsatz die gute Tat folgen zu lassen.

Woran liegt's? An Willensschwäche, Gleichgültigkeit, Selbstbezogenheit?

Ich komme auf eine andere Antwort, und vielleicht kann die ja auch für Sie gelten. Ich habe nämlich erkannt, dass meine Vorsätze zwar richtig waren, aber viel zu hoch geschraubt. Das Ziel hatte ich zu weit gesteckt, die Latte zu hoch gelegt.

Mir sagte ein Bekannter, der gelegentlich durch sein schroffes Auftreten die Leute verprellt, dass er sich für dieses Jahr vorgenommen hatte, zu allen Menschen freundlich zu sein. Zu wirklich allen und wirklich immer.

Schon am dritten Tag ist er natürlich mit diesem Vorhaben kläglich gescheitert. Aber hätte es nicht auch gereicht, die neuentdeckte Freundlichkeit zunächst an den Kollegen auszuprobieren, mit denen er jeden Arbeitstag acht Stunden im Büro zusammensitzt? Denn das hätte vermutlich geklappt – und zumindest ein paar Menschen ein bisschen zufriedener gemacht.

Ich denke auch an die Freundin, die in den vergangenen Monaten so leben wollte, dass sie alle vier Wochen 200 Euro von ihrem Gehalt zurücklegen könnte. Funktionierte natürlich auch nicht: Da kam die Mieterhöhung dazwischen, die tolle Bluse, die unvorhergesehene Autoreparatur ...

Wer Berge versetzen will, darf nicht gleich am Massiv rütteln.

Richtig sauer war sie, als das Sparziel bis März nicht ein einziges Mal erreicht war. Und hat keinen Gedanken dran verschwendet, dass sie dieses Ziel viel einfacher mit 100 Euro erreicht hätte. Nein, da gab die Freundin lieber gleich ganz auf!

Weshalb zerstören wir uns eigentlich mutwillig die gute Stimmung für das neue Jahr? Je größer nämlich unsere Vorsätze sind, desto unzufriedener werden wir. Und die Schuld daran können wir noch nicht einmal anderen in die Schuhe schieben.

Denn wir sind es ja selbst, die den Schuh, mit dem wir vorwärtsstapfen wollen, die paar entscheidenden

Nummern zu groß gewählt haben. Wer Berge versetzen möchte, darf nicht gleich am Massiv rütteln – Steinchen für Steinchen klappt es auch. Schließlich wird keiner über (Silvester-)Nacht vom Zwerg zum Riesen seines Willens.

Wie er es geschafft hat, einen Vorsatz in die Tat umzusetzen und dadurch sein Leben tiefgreifend zu verändern, erzählte mir unlängst ein Verwandter, der wegen eines Bandscheibenschadens beim Arzt in Behandlung war. Ihm halfen weder Massagen noch Medikamente, auch nicht der orthopädische Bürostuhl. »Sie haben einfach die falsche Haltung«, meinte der Doktor bei der letzten Untersuchung im alten Jahr. »Schreiben Sie auf einen Zettel das Wort ›aufrecht‹, und heften Sie ihn an die Wand. Jedes Mal, wenn Sie ihn sehen, richten Sie sich auf.«

So führte ein guter Vorsatz zur richtigen Haltung im doppelten Sinn ...

Über den Dank
am Tag der Mutter

Heute, Mutter, ist Dein Tag, es ist Muttertag. So steht es sogar auf dem Kalenderblatt, weil man Kinder wohl für vergesslich hält. Der Kalendermann hat ja irgendwo recht: Wir Kinder – die großen, die kleinen – vergessen das Gedenken und das Danken.

»Sag schön danke«, mahntest Du mich vor fünf Jahrzehnten, wenn es beim Schlachter die Scheibe Wurst gab oder die Karamellbonbons vom Kinderarzt.

Jetzt ist es höchste Zeit, dass ich Dir wieder mal »danke« sage. Denn der Dank an Dich war eigentlich immer zu klein, zu kurz, zu wenig. Heute bietet sich sozusagen ein kalendarischer Anlass, manches Versäumnis nachzuholen. Der Grund allerdings, liebe Mutti, ist Herzenssache. Und Erinnerung.

Wie war das früher aufregend: Die Blumen zum Muttertag stellte ich Samstagabend in den Keller. Frische Freesien, weil Du die so gern hast. Dass ich sie einmal in der Vase zwischen Einmachgläsern versteckte und die dann umfiel und zerbrach – Du hast Dir nichts anmerken lassen, obwohl die Vase ein Erbstück war.

Und über mein Gekritzel, das ich Dir ans Bett brachte, hast Du Dich gefreut, als sei es ein Kunstwerk – obwohl mir die Noten im Zeichenunterricht später stets die Zeugnisse verdarben.

Dass beim Tischdecken – Du musstest ja im Bett bleiben – mal was kaputtging, auch das hast Du über-

sehen. Und die dicken Fehler, die in meinem »Selbst-
gedichteten« waren. Wie sehr Dich das gerührt hat,
wurde mir erst Tage später bewusst. Als Du wieder einmal so enttäuscht warst über uns Kinder, weil wir noch
nicht einmal bereit waren, unser Spiel für einen win-
zigen Botengang zu unterbrechen. »Na ja, Muttertag
ist eben vorbei ...«

Das sitzt bis heute.

Mütter sind die Weichensteller unseres Lebens. Manchmal sehe ich mir alte Fotos
an: Wie glücklich Du warst, als Du
mich im Arm hieltest. Und dann
höre ich Papa, der mich groß gewor-
denen Frechdachs mit bebender
Stimme mahnte: »Weißt Du, dass Mutti wegen Dir
sechs Wochen nach der Geburt im Krankenhaus bleiben musste!« Dann schämte ich mich richtig.

Erinnerungen ...

Mutti, Du hast an meinem Bett gewacht und gebe-
tet, mir geholfen, meine Kinderkrankheiten zu über-
stehen, hast meine Faulheit ertragen und ein Auge zu-
gedrückt, wenn ich wieder mal zu spät nach Hause
kam.

Mütter sind die Weichensteller unseres Lebens.
»Keine Weisheit, die auf Erden gelehrt werden kann,
vermag uns das zu geben, was ein Wort, ein Blick der
Mutter gibt«, schrieb der Dichter Wilhelm Raabe. Er
hatte recht. Alle Stationen meines Lebens hast Du begleitet, durch gute und auch schlechte Zeiten. Vor
Leichtsinn bewahrt das – und vor Verzweiflung.

Liebe Mutti, auch das darf ich Dir heute sagen:
Manchmal hat es genervt. Beim Abmelden in den Urlaub: »Nimm genug warme Sachen mit.« Oder kurz

nach der »heute«-Sendung der Anruf im Büro: »Du musst dringend wieder zum Friseur.« Aber irgendwie würde es mir auch fehlen ...

Ich denk an Dich. Und ich danke Dir. Denken und Danken gehören nämlich zusammen. Wer nicht mehr dankt, wird gedankenlos. Deshalb ist mir dieser Tag so wichtig, auch wenn Du immer wieder abwehrst: »Junge, lass doch!«

Nein, Mutti, Dein Junge lässt es nicht.

Und wenn es heute Nachmittag bei Dir klingelt, dann bin ich es ...

2
Über Gründe & Abgründe

Über neue Arbeit
und alte Einsamkeit

Sie kommen aus dem Urlaub zurück, steuern dynamisch Ihr Büro an – und prallen schon an der Tür zurück: Das Namensschild ist abmontiert. Aufs Schlimmste gefasst, öffnen Sie die Tür – und das Schlimmste ist eingetreten: Irgendjemand hat Ihren Schreibtisch entfernt und auch den Stuhl. Nur das Telefon steht einsam in der Ecke, doch Sie werden in dieser Firma von keinem mehr angerufen ...

Entlassung? Rausschmiss? Nichts von alledem, der Chef glättet die Schock-Wellen: Ab heute sind Sie Tele-Worker! 200 000 Deutsche haben diese Szene vielleicht nicht ganz so, aber so ähnlich erlebt – sie arbeiten jetzt von zu Hause aus für den Betrieb, sind per Personalcomputer, Fax-Modem und Internet-Anschluss mit den Kollegen verbunden.

Der Tele-Arbeit als neue Beschäftigungsform wird wohl die Zukunft gehören. Nach Expertenschätzung könnten schon bis zur Jahrtausendwende »30 bis 50 Prozent der heutigen Arbeitsplätze in die häuslichen Büros verlegt werden«.

Auf den ersten Blick eine reizvolle Vorstellung. Auf den zweiten auch: Jeder kann sich die Arbeitszeit frei einteilen – der Nachtmensch genauso wie der Frühaufsteher. Die miese Laune des Chefs verpufft künftig im Internet. Die Autoschlange der Büroarbeiter kommt am Morgen ohne Sie ins Stocken. Der Schlips bleibt demnächst ungebunden, weil Sie sich ganz ungezwungen in Jeans und Polohemd vor den Computer setzen.

Der dritte Blick richtet sich auf das Interview mit einer Angestellten eines Elektronikkonzerns, der seit Jahren dieses Modell praktiziert. Die Frau, Mutter eines kleinen Jungen, schwärmt darin von ihrem neuen Heim-Arbeitsplatz: »Für mich die optimale Lösung, so bekomme ich Job und Familie unter einen Hut.«

Ich will ihr schon zustimmen, dann lese ich weiter. Lese den Nachsatz, den diese Frau noch sagt: »Die Atmosphäre im Büro und im Team fehlt mir doch sehr. Manchmal ist es ein einsamer Job ...«

Während ich über das Thema dieser Kolumne nachdenke, läuft eine Meldung der Nachrichtenagentur Reuter über den Ticker: Immer mehr Menschen in Deutschland leben allein. Nach Angaben des Statistischen Bundesamts sind knapp 35 Prozent aller Haushalte Ein-Personen-Haushalte. Nur Zufall, dass mir das gerade jetzt auffällt?

Das »Datennetz« fängt keinen Menschen auf, der in die Einsamkeit stürzt.

37 Millionen Menschen bei uns leben allein, viele davon schon im Ruhestand. Aber viele stehen auch noch im Berufsleben – und das sind diejenigen, die angewiesen sind auf den Kontakt mit Menschen, auf den alltäglichen Umgang mit Kollegen.

Was bleibt ihnen, wenn man sie im eigenen Wohnzimmer vor dem Monitor isoliert? Wenn man ihnen sagt: Hier, da hast du dein Modem. Sprich mit ihm – vielleicht gibt dir ein anderes Modem ja eine Antwort! Aber komm ja nicht mehr in den Betrieb, da findest du keinen mehr. Weil die anderen, die ehemaligen Kollegen, auch schon längst zu Hause sitzen. Allein mit sich und einem flimmernden Bildschirm ...

Das »Datennetz«, es mag eine segensreiche Erfindung sein. Nur: Es fängt keinen Menschen auf, der in die Einsamkeit stürzt.

Die »Datenautobahn«, sie mag eine sinnvolle Neuerung sein. Nur: Wir müssen aufpassen, um noch die richtige Ausfahrt zu finden, die uns zu der Wiese führt, auf der Blumen blühen, Kühe weiden, Kinder lachen.

Und Menschen miteinander reden.

Über den Wahn
der Jugendlichkeit

Es war ein Gespräch, das ich so schnell nicht vergessen werde. Der drahtige, sportliche Nachbar, Abteilungsleiter in einem Metallbetrieb, sah um Jahre gealtert aus. Bisher hätte ihn kaum einer auf seine 54 geschätzt, so topfit wirkte er immer. Aber jetzt schien der Mann müde. Altersmüde wie einer, der vom Leben, das er bislang unbeschadet und erfolgreich überstanden hatte, plötzlich geprügelt worden war.

Er setzte sich – nein, er nahm ganz langsam in meinem Sessel Platz, wie ein gebrechlicher Mann – und erzählte.

Was er erzählte, hatte ich schon oft gelesen, gesehen, gehört – aus zweiter Hand, aus dritter Quelle. Jetzt hörte ich es das erste Mal von einem, der mir näher stand als die anderen aus der Statistik, die Namenlosen aus den Nachrichten.

Der Bekannte und sein Bericht: Seine angeschlagene Firma hatte rationalisiert und eine ganze Reihe von Mitarbeitern entlassen. Auch er selbst wurde zum Chef gerufen: »Wissen Sie, wir wollen mit einem jungen Team einen Neuanfang machen. Offen gesagt, da passen Sie nicht mehr rein.«

Er unterbrach sich und sah mich fassungslos an: »Darf das eigentlich wahr sein? Die Amerikaner hatten einen Präsidentschaftskandidaten, der 73 Jahre alt ist, und ich muss mit 54 den Schreibtisch räumen ...«

Er meinte Bob Dole, damals Herausforderer von Bill Clinton. 50 000 bunte Luftballons stiegen bei dessen Nominierung in die Luft, donnernde Ovationen der Delegierten folgten. Dole selbst, Kriegsinvalide mit gelähmtem Arm, wollte zu dem Thema nur einen Satz sagen – der aber saß: »Mein Blutdruck ist immer noch besser als der von Clinton.«

Verachte das Alter nicht, denn du gedenkst ja auch einmal alt zu werden. Da fand das mächtigste Land der Erde nichts dabei, einen Mann als Kandidaten zu haben, der nach einer möglichen Amtszeit fast achtzig wäre, und bei uns ist man mit Mitte fünfzig bereits beruflich abgeschrieben.

Man hat mir neulich, fast beiläufig, von einem Ingenieur erzählt, einem »Dipl.-Ing.«. Der Hochqualifizierte bewarb sich nach der Pleite seines Unternehmens bei verschiedenen anderen Firmen. Die Unterlagen waren mit besten Zeugnissen geschmückt, mit Empfehlungen – beinahe schon hymnisch. Half alles nichts.

Siebzehn Absagen, und beinahe immer hörte er auf Nachfragen den gleichen Satz: »Sie sind zwar hochqualifiziert, aber mit Ihrem Geburtsdatum einfach nicht mehr zu vermitteln.«

Wir leben in einer eigenartigen Gesellschaft. Die Werbespots für Mode und Freizeit zeigen uns nur »jugendliche Alte«. Aber von Beruf und Alltag scheinen sie ausgegrenzt.

Wir kennen ja solche Sprüche zur Genüge: »Wir wollen die Verantwortung in jüngere Hände legen«, heißt es, wenn man den frühpensionierten Mitarbeiter in den »verdienten Ruhestand« schickt. Und die

Stellenanzeigen strotzen vor Attributen wie »dynamisch«, »jung«, »vital«.

Natürlich hat es heute absoluten Vorrang, dass jeder Schulabgänger eine Lehrstelle und damit seine Chance bekommt. Und manche Berufsbilder sind eben auf jüngere Leute zugeschnitten, die an Computern aufgewachsen sind und mit moderner Technik flexibel umgehen können.

Aber Technik ist nicht alles. Wir dürfen nicht vergessen, welches Kapital in Lebenserfahrung steckt. Dass Menschenkenntnis und Berufserfahrung genauso viel wert sein können wie die Fähigkeit, im Internet zu surfen.

Bei Saint-Exupéry, dem Vater des »Kleinen Prinzen«, las ich den Satz: »Das Alter eines Menschen bedeutet eine schöne Fracht von Erfahrungen.«

Eine Gesellschaft, die in übertriebenem Jugendlichkeitswahn eine solch reiche Fracht links liegenlässt, macht sich selber arm. Wobei die Bibel uns Jüngere so ganz sacht, aber voller Realitätssinn noch an einen ganz anderen Aspekt erinnert: »Verachte das Alter nicht, denn du gedenkst ja auch einmal alt zu werden.«

Über Büro-Umfragen und die Antworten darauf

Kaum eine Tageszeitung, die diese Geschichte nicht nachgedruckt hatte. Und kaum eine Firma, in der sie nicht ein wichtiges Gesprächsthema war – oder sogar am Schwarzen Brett aushing: die Umfrage eines Meinungsforschungsinstituts, in Auftrag gegeben von »Bild der Frau«.

Thema: die allgemeine Stimmung am Arbeitsplatz, die lieben Kollegen, das Betriebsklima. Betroffen und angesprochen von diesem Thema sind immerhin 31 Millionen Menschen, im Statistik-Deutsch als »abhängig Beschäftigte« erfasst.

Und von denen, für mich das Interessanteste an der Umfrage, fällt jeder Dritte ein schier vernichtendes Urteil über die Kollegen: Er hält sie nämlich für faul und unterstellt damit, er müsste deren Arbeit mit erledigen.

Mahlzeit, Kollegen, weit ist es gekommen ...

Von so manchem Bekannten weiß ich, dass der entsprechende Artikel dem Gegenüber im Großraum schon vor der ersten Frühstückspause voller Häme unter die Nase gehalten wurde: »Siehst du, hier steht es schwarz auf weiß. Ich hab's schon immer gesagt – alles faule Säcke hier. Und wenn die mich gefragt hätten – also dann wäre das Ergebnis noch viel deutlicher ausgefallen. Schließlich bin ich bei uns doch der Einzige, der noch anpackt ...«

Große Sprüche, laute Sprüche. Sie werden, so oder so ähnlich, oft zu hören gewesen sein.

Schlimme Sprüche, böse Sprüche. Denn mit ihnen sank auch die Betriebstemperatur um ein paar Grad, kühlte sich das Betriebsklima noch ein bisschen weiter ab.

Ich möchte gar nicht abstreiten, dass es sie gibt – die Drückeberger, die vor jeder Arbeit hinter der aufgeschlagenen Zeitung in Deckung gehen. Und diejenigen, die schon am Montag das »Robinson-Gefühl« pflegen: warten auf Freitag. Und natürlich kenne auch ich geschätzte Kollegen, die im Büro keinen eigenen Drehstuhl brauchen. Weil sie ohnehin die meiste Zeit in der Kantine hocken und dort über die »miese Stimmung in unserem Laden« schwadronieren.

Solche kennen Sie auch. Haben Sie Pech, schlurfen bei Ihnen vielleicht sogar vier oder fünf solcher Prachtexemplare über die Büroflure. Aber sind es wirklich gleich Millionen – wie man uns glauben machen will?

Die lieben Kollegen: alles »faule Säcke«?

Mir scheinen andere Fragen mindestens genauso wichtig – sozusagen die Fragen hinter der Umfrage. Wie wär's mit dieser: Sind wir nicht viel zu schnell mit dem dicken Stempel zur Hand, wenn es gilt, dem anderen das Etikett der Faulheit, der Trägheit, der Langsamkeit aufzudrücken?

Lenken wir nicht mit böszüngigem Gerede (»Die X hat heute wieder den ganzen Nachmittag nur Löcher in die Luft gestarrt. Der Y führt ein privates Telefonat nach dem anderen ...«) manchmal auch von der eigenen Leistung ab?

Und: Statt lustvoll Intrigen zu spinnen (darüber beklagte sich laut Umfrageergebnis immerhin noch jeder Vierte), könnte man die Zeit nutzen, um die Kollegin, die schon seit Wochen so unkonzentriert wirkt, einfach mal zur Seite zu nehmen und nach den Gründen für ihren Zustand zu fragen.

Bisweilen fördert so ein Verhalten Dinge ans Neonlicht des Großraumbüros, die mit böswillig unterstellter Faulheit überhaupt nichts zu tun haben. Stattdessen aber mit Sorgen des privaten Alltags, die stärker sind als dienstliche Disziplin.

Ärger mit den Kollegen, Frust am Arbeitsplatz: Dieselben Menschen, die durch Vorurteile, Getuschel und Tratsch erst dafür sorgen, sind häufig auch diejenigen, die – anonym per Umfrage – solche Missstände beklagen.

Wäre es nicht besser, wenn sich zumindest jeder Dritte darauf besinnen würde, dass er mit dem Nächsten im Büro fast genauso viel Zeit verbringt, wie mit den Liebsten zu Hause ...?

Über junge Dynamik
und alterslose Erfahrung

Energisch faltet mein Gegenüber seine Zeitung zusammen: »Die Holländer machen das richtig!« Bisher hatten wir im Zugabteil nicht mehr als ein flüchtiges »Guten Tag« ausgetauscht und uns hinter Lektüre verschanzt, nun kamen wir in ein angeregtes Gespräch. Und der Mann erklärte mir, was er an den Holländern so richtig findet.

Die Regierung, so zitierte er aus seiner Zeitung, habe dort ein neues Gesetz im Parlament eingebracht. Darin steht, dass Stellenbewerber künftig nicht mehr mit der Begründung abgewiesen werden dürfen, sie seien zu alt. Das Alter habe nämlich mit der Eignung für einen Arbeitsplatz meist nichts zu tun, so erkannten die Politiker in Den Haag. Es sei diskriminierend, jemandem seine Unterlagen mit dem Vermerk zurückzuschicken, er sei nicht mehr jung genug.

»Ich selbst«, erzählte mir mein Gegenüber ganz offen, »komme gerade von einem Vorstellungsgespräch. Und man hat mir wieder mal klargemacht, was es bedeutet, Jahrgang '46 und auf Stellensuche zu sein.«

»Sie wollen sich wirklich noch einmal ganz umstellen?«, hatte ihn der Personalchef fast mitleidig gefragt. »In Ihrem Alter ...«

Der Mann im Zug wollte nicht, er musste. Aber er hatte sich gut vorbereitet: »Nach dem Konkurs meiner Firma habe ich mich in Sachen Computer und EDV

63

auf den neuesten Stand bringen lassen.« Es half ihm nichts, resigniert warf er mir die Zeitung auf den Nebensitz: »Lesen Sie mal die Stellenanzeigen, wie die schon formuliert sind!«

»Verstärken Sie unser junges dynamisches Team«, stand da in Fettdruck. Gesucht wurde der Verkaufsleiter für eine Filialkette »nicht älter als Ende dreißig«. Auch ein »Pharmareferent mit Pioniergeist« war gefragt, 25 Jahre, nicht mehr.

Anfang 50 – und sogar für die eigenen Kinder der »letzte Idiot« ...

Verfügen ältere Arbeitnehmer denn nicht über »Pioniergeist«? Sind sie nicht »dynamisch« und »motiviert«?

»Erfolgsorientiertes Arbeiten ist für Sie selbstverständlich«, wird der künftige Produktmanager per Annonce umgarnt, aber gleichzeitig der Eindruck vermittelt, dass einer über 30 dafür kein Verständnis mehr aufbringt. Aber wo bleiben die vielen erfahrenen Leute, die die fünfzig überschritten haben? Deren Mitarbeit erst den Erfolg der Firma ausgemacht hat, bevor schlechtes Management oder Konjunktur-Knick ihnen die Stelle weggenommen haben.

Vergleicht man die Angebote auf dem Arbeitsmarkt in den vergangenen Jahren, so kann man nur feststellen: Wir werden immer früher alt. Bereits mit 45 ist man von bestimmten Berufen und Positionen ausgegrenzt. Diskriminiert, wie die niederländische Regierung zu Recht sagt.

»Wenn ich meine Frau nicht hätte, ich würde das manchmal nicht durchstehen«, gestand ein Hamburger Banker in einem Interview zum selben Thema. Er

64

würde gern wieder in einer Wertpapier-Abteilung arbeiten, jede Bewerbung war vergeblich. »Ich bin erst Anfang fünfzig, war auf meinem Gebiet ein angesehener Fachmann, und plötzlich halten mich sogar die eigenen Kinder für den letzten Idioten.« Er kenne jetzt das Gefühl, nicht mehr gebraucht zu werden. Und das mache nun wirklich alt.

Wissen die Chefs eigentlich, welches Betriebskapital sie sich da entgehen lassen? Zu den fachlichen Qualifikationen bringen die Älteren nämlich etwas mit, was unbezahlbar ist: Lebens-Wissen. Menschenkenntnis und Berufserfahrung können genauso viel wert sein wie die Fähigkeit, im Internet zu surfen.

Der Philosoph Martin Buber hat, mit der Lebensweisheit des über 80-Jährigen, gesagt: »Das Schönste im Alter ist, wenn man nicht vergisst, Neues anzufangen.«

Aber was, wenn einen keiner mehr lässt ...?

Über wahre Schönheit und falsche Garantien

»Die Bedienungsanleitung«, sagte der freundliche Verkäufer, »liegt bei. Aber eigentlich ist alles ganz einfach, diese Geräte stellen sich ja heutzutage fast von selber ein.« Dann nahm er meinen Scheck, bedankte sich und reichte mir anschließend noch einen Umschlag über die Ladentheke: »Gut durchlesen und sorgfältig aufbewahren – es ist die Garantieurkunde für Ihren neuen Fernsehapparat.«

Zu Hause schloss ich den Fernseher an – er stellte sich tatsächlich »fast von selber« ein – und packte folgsam die Urkunde aus. Ein beeindruckendes Dokument, auf edlem Papier gedruckt, mit vielen wichtig aussehenden Stempeln versehen: einem vom Meister, einem vom Hersteller, einem vom Fachhändler.

Jedes großgedruckte Wort ein Versprechen: »Teile, die nachweislich aufgrund von Materialfehlern defekt geworden sind, werden im Zeitraum eines halben Jahres kostenlos ausgetauscht oder repariert.«

Die kleingedruckten Worte schränkten alles wieder ein: Die Garantieleistungen entfielen, wenn die Bedienungsanleitung nicht beachtet werde. Und sie entfallen natürlich auch bei Teilen, die dem »normalen Verschleiß« unterliegen. Ist doch selbstverständlich, meinen Sie jetzt? Solche Garantiezettel liegen auch bei Ihnen zu Hause herum, dutzendweise – für Haartrockner, Toaster, Videokameras und Lockenstäbe?

Stimmt schon, ganz richtig. Und ich hätte meine jüngst erworbene Garantieurkunde auch sofort wieder vergessen, wenn mir dieser Begriff der »Garantie« nicht wenig später erneut aufgefallen wäre. In einem ganz anderen Zusammenhang, im Zusammenhang mit den Menschen.

»Fast jeder zweite Deutsche hält gutes Aussehen für eine Erfolgsgarantie«, war die Umfrage einer Krankenkasse übertitelt. Beinahe fünfzig

Erfolg im Leben – hängt er wirklich nur vom Aussehen ab?

Prozent von uns, so stand zu lesen, sind überzeugt davon, dass einer schneller Karriere macht, wenn er aussieht wie Til Schweiger. Oder rascher vorwärtskommt mit den Maßen einer Claudia Schiffer. Ganz unabhängig von Bildung, von Charakter.

Die so etwas glauben, müssen dieselben sein, die jährlich rund 8 Milliarden (!) Euro ausgeben für hautstraffende Cremes, entwässernde Pillen, Schönheitsoperationen und Mitgliedschaften in Fitness-Clubs. Und sich so den Anspruch, die Garantie für Erfolg und Glück erwerben wollen.

Selbst wenn es klappt für ein paar Jahre – was, wenn dann unweigerlich doch der »normale Verschleiß« einsetzt, wenn Teile ermüden, für die keine Garantie gegeben wird? Auf eigene Kosten auswechseln? Wegwerfen? Ein neues Leben kaufen anstelle des alten?

Unser Leben ist einmalig, dafür gibt es keinen Ersatz. Und der Verschleiß beginnt mit dem ersten Tag auf dieser Welt. Das in die Lebensrechnung einzukalkulieren, bewahrt vor enttäuschter Illusion.

Mir schrieb einmal eine Dame, sie war Ärztin und bezeichnete sich »mit meinen 96 Jahren als Ihr wohl ältester Fan«. Ich habe sie später einmal zufällig getroffen, eine eindrucksvolle Frau. Das Gesicht voller Falten, tief eingegraben die Spuren des Alters. Aber sie strahlte etwas aus, besaß eine gewinnende Art, wie ich sie noch selten bei einem Menschen erlebt hatte. Wir unterhielten uns, natürlich, über das Alter, das Alt- und Älterwerden. Und es fiel auch hier das Wort Garantie. »Der liebe Gott«, so sagte sie mir, »garantiert, dass er uns beschützen will, bis wir alt und grau sind. So schrieb Jesaja, der Prophet.«

Und das scheint mir die einzige Garantie zu sein, die niemals abläuft. Ein ganzes langes Leben nicht.

Über ein Haustier,
an dem nichts echt ist

Man findet seinen Namen in keinem Nachschlagewerk verzeichnet, kein Biologe hat je von ihm gehört – Tamagotchi, ein kleiner papageienbunter Vogel, nach dem die Japaner vor einigen Jahren völlig verrückt waren.

Das Tamagotchi (das Wort bedeutet so viel wie »liebenswertes Ei« und beschreibt treffend Form und Größe des Tierchens) braucht wenig Platz, aber viel Zärtlichkeit. Streichelt man sein Gefieder, singt es wie die Nachtigall, krault man sein winziges Köpfchen, schlägt es dankbar mit den Flügeln. Und wird es gefüttert, das Tamagotchi mag am liebsten Schokolade, führt es vor Freude einen Balztanz auf.

Aber wehe, sein Besitzer vernachlässigt den Vogel – hält den Käfig nicht sauber, spricht nicht mehr mit ihm, hat keine Zeit für Zärtlichkeit. Dann siecht das Tamagotchi jämmerlich dahin, das Gefieder verliert Glanz, die Stimme Kraft – und das ganze Tierchen allen Lebensmut.

Das Tamagotchi, dieser seltsame Vogel, den kein Biologe kennt, stirbt. Es stirbt einen virtuellen Tod, wie es zuvor virtuell mit den Flügeln geschlagen, virtuell mit dem Schnabel gepickt und virtuell mit dem Köpfchen gewackelt hat.

Die »Brockhaus-Enzyklopädie« erklärt diesen in unserer Zeit so häufig gehörten und so regelmäßig falsch angewandten Begriff so: »Virtuell – nicht wirklich; scheinbar; der Anlage nach als Möglichkeit vorhanden«.

Was in diesem Fall nur bedeutet, dass das Vögelchen die Erfindung einer Softwarefirma aus Tokio ist, ein Computerspiel. Was es tut, tut Tamagotchi also nur, weil der Mensch die richtige Taste betätigt hat. Nichts an ihm ist echt, nichts ist wirklich, nichts lebendig.

Doch die 350 000 Japaner, die sich das Tricktierchen bislang gekauft haben, wollen das nicht wahrhaben. Dem Asien-Korrespondenten der Nachrichtenagentur Reuter erzählte eine ältere Frau von ihren Gefühlen dem Tamagotchi gegenüber: »Am Anfang«, sagte sie, »fand ich es lästig, nach ihm zu schauen. Aber es frisst, man kann stundenlang mit ihm spielen, und wenn man seinen Mist per Knopfdruck beseitigt, springt es vor Freude auf und ab. Ich vergesse dann leicht, dass es eigentlich nur ein Bild ist.«

Ein kleines virtuelles Vögelchen ist dafür trauriger Beweis.

Hinter manchem Erfindungsreichtum verbirgt sich nur die Armut der Gefühle.

Und eine Schülerin, vom japanischen Fernsehen interviewt, vertraute fest darauf, dass diese Spielerei sie Charakterzüge lehrt, die sie für ihr weiteres Leben brauche. Wörtlich: »Ich lerne dadurch, mich um ein Kind zu kümmern.«

Mir macht das Angst.

Nicht die Tatsache, dass Menschen – ältere und jüngere – ihre Zeit mit Computern verbringen. Sollen sie, vielleicht geht es ja wirklich nicht mehr ohne.

Doch ich erschrecke, wenn Scheinbares mit Greifbarem verwechselt wird. Wenn einer meint, dem bunten Etwas, das auf Mausklick reagiert, Liebe und Zuneigung entgegenbringen zu müssen. Und ein solches Tamagotchi ja ganz offenbar als vollwertiger Ersatz für den Wellensittich oder den Kanarienvogel aus Fleisch, Federn und Blut akzeptiert. Chip statt Herz?

Die Vorstellung, wie eine junge Mutter ihr Kind wohl erziehen mag, die ernsthaft davon überzeugt ist, die Grundlagen menschlichen Zusammenlebens könne ihr ein Computer vermitteln, lässt mich erst recht schaudern.

Ich nehme in Kauf, sollte mich deshalb jemand als zukunftsfeindlich, engstirnig und ewig gestrig titulieren. Und bleibe dennoch dabei: Nicht jede neue Erfindung bringt uns weiter.

Und hinter manchem Erfindungsreichtum verbirgt sich nicht mehr als die Armut der Gefühle.

Über Obdachlose
und Gedankenlose

Der Zug hatte auf dem Weg nach Mainz ein paar Minuten Aufenthalt. Auf den Bahnhofsvorplatz schien die Herbstsonne, ich wollte mir einen freien Platz auf einer Bank suchen.

Ich habe keinen gefunden. Überall saßen die anderen – die mit ihren Bierdosen, Plastiktüten, Schlafsäcken. Diejenigen, die wir Penner nennen. Bettler, Berber, die ohne Obdach sind und »nicht sesshaft«.

Kein Mitleid von mir in diesem Augenblick. Nur Groll, weil die Herbstsonne nur für diese anderen schien und ich schließlich auf einem verdreckten Bahnsteig auf den Anschluss warten musste.

Im Abteil las ich dann in der Zeitung, was die fürsorglichen Hamburger Stadtväter zu dieser Zeit planten. Ihre City wollten sie bald richtig schön machen, das Betteln und Gammeln dort verbieten. Auch Drogensüchtige und Alkoholabhängige sollten Straßen und Plätze räumen. Die Einkaufsmeile, so schrieb die Zeitung, möge doch wieder zur »Visitenkarte« werden.

Hat mir gut gefallen, diese Idee: Weg mit den Bettlern, raus mit den Pöblern. Dann ist endlich auch wieder Platz auf der Parkbank. Für mich zum Beispiel.

Tage später kam mir der Artikel erneut in die Finger, ich hatte meine klammheimliche Freude schon vergessen. Ich las noch einmal, las genauer.

Und mein Ärger über die besetzte Parkbank war endgültig gewichen. Abgelöst von Wut auf die Herzlosigkeit der Bürokratie, die sich bereits in der Überschrift des Behördenpapiers breitmachte: »Besonders unhaltbare Erscheinungsformen der Unwirtlichkeit« müssen verschwinden. Arme und Obdachlose genauso wie Hundekot und leere Cola-Dosen. Eine Sprache, die Menschen auf »Erscheinungsformen« reduziert.

Allein in der Alster-Stadt rechnet man offiziell mit rund 1200 Obdachlosen. Weil sie den Unmut vieler Bürger erregen, solle künftig bestraft werden, wer auf der Straße die Hand aufhält oder gezwungen ist, unter der Fußgängerbrücke das Lager aufzuschlagen. Man könne diese Personen doch in die Außenbezirke verfrachten. Im Beamtendeutsch heißt das »Verbringungsgewahrsam«.

Die Gleichung ist so einfach wie erschreckend: Wer ohnehin schon am Rand der Gesellschaft steht, wird nun an den Rand unserer Städte gebracht: aus den Augen, aus dem Sinn.

Der Staat, und das sind wir alle, stiehlt sich aus der Verantwortung, indem er aus kindlicher Vorstellung politischen Ernst macht: Augen zu; denn was nicht zu sehen ist, existiert auch nicht. Als wären Probleme damit gelöst, dass man Wehrlose wie Unrat an die Seite kehrt, damit die Schönen und Reichen im Licht der Großstadt noch heller strahlen können.

Wer Platzverweis für Obdachlose fordert, bekämpft die Betroffenen und nicht die Ursachen.

Wer Platzverweis für Obdachlose und Bußgeld für Bettler fordert, bekämpft die Betroffenen und nicht die Ursachen.

Zu selten offenbar erinnert man sich an einen großen Sohn der Hansestadt Hamburg: an Johann Hinrich Wichern, zu dessen Ehren man doch so gern Sonderbriefmarken herausgibt und Denkmäler enthüllt. Der baute vor 160 Jahren einen Wohnkomplex für gestrandete Jugendliche, nannte ihn das »Rauhe Haus« und legte damit den Grundstein moderner Diakonie. Weltweit arbeiten bis heute soziale Einrichtungen in seinem Sinne, um Randsiedlern unserer Gesellschaft zu helfen.

Das Motto des Sozialreformers lautete: »Liebe, welche die verlorenen, verlassenen, verwahrlosten Menschen sucht, bis sie sie findet.«

Vom Suchen und vom Finden ist da die Rede. Nicht vom Wegschauen und Ausgrenzen.

Über fröhliche Genießer
und freudlose Esser

Für kurze Zeit bin ich ihnen untreu geworden, meinen ganz persönlichen Lieblings-Chips.

Damals habe ich mich dem Trommelfeuer der Diät-Strategen ergeben, die mit ihren kalorienreduzierten Produkten lockten: den »leichten«, den »schlanken«, den »Fettarmen«. Was ich bisher vor dem Fernseher knabberte, so hieß es, sei ganz und gar schädlich, viel zu fett und längst nicht mehr im Trend.

Bei meinen Lieblings-Chips nähme man ja schon zu, wenn man nur die Tüte öffne.

Richtig überzeugt war ich nicht, aber zumindest überredet. Und knabberte fortan freudlos die »Gesundheits-Chips«, trank dazu kalorienfreie Koffeinbrause. In meinem Kühlschrank warteten Wurst ohne Fett und Quark ohne Sahne darauf, verzehrt zu werden – sie mussten manchmal lange warten ... Alles »light«, ich war's bald leid. Denn statt Liebe ging durch den Magen nur noch Frust. Mag ja sein, ich ernährte mich damit vorschriftsmäßig. Doch sicher war: Es hat mir keinen Spaß gebracht. Also beendete ich das Experiment, ertrug selbstbewusst die strafenden »Sie tun wohl nichts für Ihre-Gesundheit?!?«-Blicke, die gertenschlanke Supermarkt-Kundinnen in meinen Einkaufswagen warfen. Und sagte laut zu mir: Du darfst!

Und jetzt? Jetzt dürfen wir alle wieder. Denn die »leichte Welle«, die, natürlich, aus Amerika zu uns kam, ist dort zumindest wieder auf dem Rückzug. Und spült die entsprechenden Produkte tonnenweise aus den Regalen. Es wird aussortiert, weil der Kunde sich verweigert und nicht mehr kaufen will, was seinen Gaumen nicht erfreut.

Natürlich können die Amerikaner auch einen Wissenschaftler vorweisen, der die Kehrtwendung in Sachen Kalorien begründet. Es handelt sich hierbei um einen bedauernswerten Mann, der in den vergangenen Jahren im Dienste der Forschung rund 10 000 dieser fettarmen Köstlichkeiten probieren musste. Seine Bilanz: »Es waren vielleicht hundert Produkte darunter, die wirklich gut schmeckten.«

Lassen Sie jeden Bissen zur Delikatesse werden!
Nein, ich stelle hier dennoch keinen Freibrief für Völlerei und Schlemmerei aus. Und plädiere erst recht nicht dafür, den Cholesterin-Spiegel absichtsvoll in die Höhe zu jagen oder den Hosenbund zum Platzen zu bringen.

Ich möchte uns nur daran erinnern, dass Essen auch Freude machen darf. Dass niemand Schuldgefühle verspüren muss, der sich eine Portion von dem gönnt, was andere als ungesund verdammen. Ich kann gut auf jeden verzichten, der mir mit der Kalorientabelle in der Hand vorrechnen will, was für mich gut und schmackhaft ist. Was mir schmeckt, weiß ich selber: Schon als Kind war es die Stulle mit der hausgemachten Mettwurst oder der saftige Kanten Emmentaler.

Bleiben auch Sie so, wie Sie sind. Bleiben Sie Genießer, oder werden Sie es wieder. Lassen Sie jeden Bissen zur »Delikatesse« werden – »delicere« bedeutet auf Deutsch nämlich nichts anderes als: »sich daran freuen«.

Über große Worte und kleine Taten

Wir Deutschen sind beunruhigt: Weit über 60 Prozent halten den Zustand unserer Umwelt für so besorgniserregend, dass sie felsenfest an eine »ökologische Katastrophe« glauben – »wenn so weitergemacht wird wie bisher«.

Das ergab eine Umfrage des Bundesumweltministeriums.

Wir Deutschen sind aber auch gedankenlos, bequem und ziemlich kurzsichtig.

Das stand natürlich nicht wörtlich in dieser Umfrage, aber man kann es sehr deutlich daraus schließen, wenn man weiterliest. Da wird nämlich die Frage gestellt, wie viel Prozent von uns bereit wären, ein kleines persönliches Opfer zu bringen und für umweltfreundliche Produkte etwas mehr zu bezahlen.

Die Antwort: Gerade mal 37 Prozent in den alten Bundesländern, noch 10 Prozent weniger in den neuen.

Sollen doch gefälligst die Politiker, die Industriebosse und all die anderen Nadelstreifenträger aktiv werden und die Welt in Ordnung bringen – für unser Wohlergehen, aber nicht mit unserem Geld.

Man kann sich über Leute, die so denken, aufregen. Das ist einfach (und ziemlich billig). Man kann für sie auch ein wenig Verständnis aufbringen (das ist nicht ganz so einfach und außerdem noch ziemlich unpopulär).

Aber bitte, auch der Kommentator der »Süddeutschen Zeitung« stellte so resignierend wie ehrlich fest: »In Wahrheit verhalten sich die Menschen nur entsprechend einer alten ökonomischen Grundregel – sie lautet: Belastungen des eigenen Portemonnaies werden sofort schmerzlich fühlbar, die in Aussicht stehenden Verbesserungen spürt man dagegen – wenn überhaupt – nur sehr viel später.«

Soll's das schon gewesen sein? Können wir uns mit dieser Erkenntnis – und dem Bewusstsein der nachträglich eingebauten Wasser-Spartaste in der Klospülung – schon zurücklehnen?

»Mutter Erde« ist eine alte Dame. Und alte Damen verdienen Respekt.

Besser doch nicht. Vielleicht überprüfen wir noch mal genauer unser eigenes Verhalten und prahlen in der Kantine nicht immer damit, dass wir keine FCKW-haltigen Deodorants mehr aus dem Supermarktregal holen (wär' übrigens auch ein ziemlich peinliches Eigentor – die Dinger gibt's bei uns nämlich schon lange nicht mehr zu kaufen ...).

Ich zum Beispiel gehe seit einiger Zeit mit einem geflochtenen Henkelkorb zum Einkauf auf den Wochenmarkt.

Klar, manch anderer Mann macht das seit zwanzig Jahren, für mich war es ein mittleres Opfer. Weil ich bereits die Vorstellung daran so lächerlich fand: »Hahne mit Korb« – sehr komisch!

Nachdem mir aber eine Marktfrau das spontane Kompliment machte: »Steht Ihnen gut, Ihr Körbchen«, trage ich das Naturprodukt beinahe schon stolz zu Markte. Bei mir in der Wohnung leuchten auch Energiesparlampen, warten leere Pfandflaschen aufs Wiederabfüllen, landet keine Batterie im Müll und fast jede alte Zeitung im Papier-Container.

Das macht mich nicht zum Öko-Helden, ganz bestimmt nicht. Dazu fahre ich viel zu gern mit meinem Auto spazieren, dazu sehe ich mir viel zu gern fremde Länder an. Und vom Berliner Hauptbahnhof fährt nun mal kein Zug nach Miami.

Aber ich gebe mir wenigstens Mühe, nicht allzu rücksichtslos mit der Schöpfung umzugehen.

Denn »Mutter Erde« ist schon sehr, sehr alt. Und alten Damen gegenüber hat man sich zumindest respektvoll zu verhalten. Wenn es schon zu mehr nicht reicht ...

Über die schönsten und die wertvollsten Wochen

Die »schönsten Wochen des Jahres« verheißt uns die Tourismuswerbung, aber die wertvollsten kann uns keiner versprechen – dafür müssen wir selbst sorgen.

Doch ich kenne Leute, die selbst ihren Urlaub noch so verplanen wie den Alltag. Obwohl sie den Stress zu Hause verfluchen, suchen sie ihn geradezu in den Ferien. Bloß nichts verpassen, schließlich ist man nur einmal hier. Und was im Preis inbegriffen ist, nehmen wir ohnehin unerschrocken mit: jede Sportmöglichkeit, schon morgens nach dem Frühstücksbuffet. Um 10 Uhr geht es auf der Gummi-Banane durch die Fluten, ab 12 Uhr steht bereits die nächste Etappe auf dem Programm: mit dem Leihwagen in die Hauptstadt. Hier stolpert Papa mit aufgeschlagenem Reiseführer durch die Historie – im Schlepptau die keuchenden Kinder. Derweil beginnt Mama mit dem Ansichtskarten-Marathon, als gelte es, olympisches Gold zu erringen. Man schreibt im Akkord an Leute, die man eigentlich nicht mag, nur damit der Neidfaktor den Lichtschutzfaktor der Sonnenmilch übertrifft ...

Wer so durch die Ferien hetzt, verpasst eine Chance, die sich eben nur in diesen Wochen bietet, versäumt die Möglichkeit, aufzuholen, was sonst gefährlich vernachlässigt wird.

Ich habe den Chefarzt-Vater kennengelernt, der mir von langen Strandgesprächen mit seinem halbwüchsigen Sohn erzählte: »Ich wusste ja gar nicht mehr«, sagte der Arzt, »was den Jungen beschäftigte, was ihn umtrieb. Wenn ich vom Dienst nach Hause kam, war er meistens weg – in der Kneipe oder irgendwo mit seiner Clique unterwegs.«

Im Urlaub hat er dann vieles erfahren. Von den Auseinandersetzungen mit der drogensüchtigen Freundin, von der Angst, keinen Studienplatz zu bekommen. Und dass der Sohn sich oft nichts sehnlicher wünscht, als mal wieder so ein ausführliches Gespräch mit dem lebensklugen Vater führen zu können – mit dem Mann, der so vielen geholfen hat. Nur eben dem eigenen Jungen nicht, »weil im Alltag ja nie Zeit dafür bleibt«.

Bringen Sie mehr aus dem Urlaub zurück als farbige Filme und nahtlose Bräune!

In meinem Bekanntenkreis gibt es das Ehepaar, dessen drei Kinder schon lange aus dem Haus sind. Trotzdem wird an der gemeinsamen Ferientradition festgehalten. Der Mann, ein Schichtarbeiter, sagt warum: »Während meine Frau im Supermarkt an der Kasse sitzt, muss ich schlafen. Und die Kinder sehe ich höchstens einmal im Monat am Sonntag.«

Also nehmen sie sich den Urlaub – als intensives Familientreffen. »Es gibt nichts Schöneres, als irgendwo in Griechenland in der Taverne zu sitzen und in den Sonnenuntergang hineinzuplaudern. Da ist niemand, der mit dem Essen drängt, weil im Fernsehen gleich die Nachrichten kommen. Da ist keiner, der auf die Uhr schaut, weil er noch zum Dienst muss. Wir quatschen stundenlang – die ersten Tage meist über Belangloses, später auch über die wichtigen Dinge. Und am Urlaubsende wissen wir, dass wir uns wieder ein Stück nähergekommen sind.«

Es müssen ja nicht immer gleich die großen Probleme sein, es geht auch leichter – und es geht gut: Eine Kollegin wurde in Tunesien von der 17-jährigen Tochter endlich darüber aufgeklärt, was an Techno-Musik so faszinierend ist. Und ausprobiert hat sie's auch gleich: vier Nächte lang. Seite an Seite mit der Tochter in der Hotel-Disco.

Wo auch immer Sie Ihren Urlaub verbringen, ob Arenal oder Glottertal: Lassen Sie diese Tage nicht vom Freizeitstress bestimmen. Retten Sie mehr hinüber als nur farbige Filme und nahtlose Bräune. Finden Sie sich wieder, und versuchen Sie, Ihre Familie nicht zu verlieren.

Nur dann werden aus den schönsten Wochen auch die wertvollsten.

Über die Dinge,
die uns wirklich
wichtig sind

Als der Rockmusiker Eric Clapton eines Abends heimkam, stockte ihm der Atem. Sein Haus stand in Flammen, das Erdgeschoss brannte bereits lichterloh.

Menschen und Tiere waren nicht in Gefahr. Aber die kostbare Kunstsammlung, die wertvollen Möbel und all die anderen teuren Dinge, die einer anschafft, der es geschafft hat.

Und wie reagierte der weltberühmte Gitarrist? Er rief die Feuerwehr und stürzte dann in sein brennendes Haus, um zu retten, was ihm am wichtigsten war. Kurz entschlossen, zielgenau, blitzschnell. Und ohne lange zu zögern.

Es waren nicht die vielen Goldenen Schallplatten, die er herausholte. Auch nicht die sechs »Grammys«, die er allein 1993 bekam und die für einen Musiker gleichbedeutend sind mit der Eintrittskarte in den Olymp.

Weder Geld noch Schmuck noch andere Dinge, die wir gemeinhin als Wertsachen bezeichnen.

Was Eric Clapton aus dem flammenden Inferno rettete, war seine Gitarre. »Er hat sein Leben riskiert«, sagte hinterher einer der Feuerwehrmänner fassungslos.

Das Leben riskiert für das Instrument, das ihn sein Leben lang begleitet hat.

Mir fällt ein polnisches Sprichwort ein: »Was du am meisten liebst, erkennst du erst, wenn du es zu verlieren drohst.«

Was wäre also, wenn?, schießt es mir durch den Kopf. Wenn's in meinen vier Wänden brennt und ich noch ganz schnell irgendetwas aus der Wohnung retten könnte.

Als wir im Kreis von Freunden und Kollegen darüber sprachen, begann rasch eine spannende Diskussion. »Natürlich die Dokumentenmappe«, meinte einer nach kurzem Nachdenken. »All die Versicherungspolicen, Zeugnisse, Ausweise.« Wirklich? Davon gibt's doch meist Kopien und Duplikate. Ebenso von Sparbüchern und Kontoauszügen.

Was du am meisten liebst, erkennst du erst, wenn du es zu verlieren drohst.

Ein anderer aus der Runde dachte an den Stapel zärtlicher Briefe, der – verstaubt, doch unvergessen – ganz hinten in der Kommodenschublade vergilbt. An die Familienbibel, in der seit Generationen die wichtigsten Daten der Vorfahren verzeichnet sind. An den wertvollen Bernsteinschmuck, der in Omas Handtasche schon die Flucht aus Ostpreußen überstanden hat. Oder an das Bargeld und die Kassette mit den Juwelen.

Jemand meinte, kühl und realistisch: »Ich würde doch für einen toten Gegenstand mein Leben nicht aufs Spiel setzen.« Um sich dann aber doch der alten Fotos zu entsinnen, der unwiederbringlichen Schnappschüsse der Vergangenheit.

Und was würde ich selbst retten? Ich hänge an dem ausdrucksstarken Bild der jüdischen Malerin Irene

Awret, das sie Begin und Sadat schenkte, als die beiden Politiker den Friedensvertrag zwischen Israel und Ägypten besiegelten. Meine handsignierte Kopie dieses Bildes – mit der Taube und dem kleinen Mädchen, das einen Palmzweig in der Hand hält – sei so gut wie unbezahlbar, hatte man mir gesagt.

Aber beklagte nicht schon Oscar Wilde: »Heute kennt man von allem den Preis, von nichts aber den Wert.« Deshalb würde ich wohl doch nach meiner Konfirmationsbibel greifen, die mich seit 30 Jahren täglich begleitet. Und nach dem Aktenordner mit den besonderen Briefen.

Dazu zählt auch der Liebesbrief von Doris, meiner allerersten Freundin. Acht Jahre war sie damals alt und ich gerade sieben ...

Über gute Laune
und böse Gene

Sollten Sie heute Morgen ziemlich muffelig in diesen Herbstsonntag gestartet sein, sind Sie keineswegs mit dem berühmten »falschen Bein« aufgestanden. Sie brauchen sich auch gar keine Mühe zu geben, Ihre miese Laune in eine bessere zu verwandeln. Bleiben Sie – trotz Wochenend' und Sonnenschein – einfach schlecht drauf, mit gutem Gewissen: Ihre Stimmung ist Ihnen nämlich in die Wiege gelegt worden – Sie selber können nix dafür ...

Behaupten jedenfalls britische und amerikanische Wissenschaftler.

Sie haben das Erbgut von Zwillingen untersucht und festgestellt, dass deren positive oder negative Lebenseinstellung angeboren ist. Das bringen die Forscher schließlich auf die Formel, dass Hitzköpfe, Angsthasen, Trauerklöße und Mimosen auch als solche auf die Welt kommen.

Und weil das Gehirn nun einmal so programmiert ist, kann keiner an seinem Gemütszustand jemals etwas auf Dauer ändern.

Ich selbst halte mich für einen ausgesprochen lebensfrohen und ziemlich optimistischen Menschen. Früher dachte ich immer, es liege daran, dass ich ein Sonntagskind bin.

Nun weiß ich's besser, sozusagen wissenschaftlich abgesichert: Die Gene sind's.

Sind sie's tatsächlich? Sorgen sie wirklich für ständigen Sonnenschein im Gemüt?

Nein. Manchmal bin ich genauso am Boden wie andere und möchte mir am Morgen die Decke über den Kopf ziehen und im Bett bleiben. Von angeborenem Glücksgefühl kann ich bei mir wenig entdecken. Ich finde allerdings vieles in meinem Glauben und meinem Leben, was Grund genug für eine positive Einstellung ist.

Würden wir die Thesen der Forscher ernst nehmen, hätte das weitreichende Folgen. Denn wenn ohnehin alles programmiert ist, muss ich ja an mir selbst und meiner Seelenlage nichts ändern – und besitze den wissenschaftlichen Freibrief dafür, meinen Zustand achselzuckend zur Kenntnis zu nehmen. Selbst ein Kämpfen gegen negative Eigenschaften würde sich nicht lohnen ...

Wenn alles vorbestimmt ist, wird der Mensch in die Rolle des bloßen Statisten gedrängt.

Stellen Sie sich vor, unsere Kinder bekämen davon Wind. Jede Ermahnung (»Jetzt setzt du fauler Bengel dich mal auf den Hosenboden und lernst!«) wäre noch sinnloser als ohnehin schon.

Denn prompt wird er antworten: »Ich bin eben so. Faulheit ist angeboren, damit muss ich jetzt leben. Und du auch!«

Oder die Ehefrau stellt einen zum x-ten Mal wegen des chaotischen Durcheinanders im Bad zur Rede (»Räum doch endlich auf, wenn du geduscht hast!«). Was denkt die sich denn eigentlich? Wo doch längst ein Wissenschaftler festgestellt haben wird, dass ich das Schlampigkeits-Gen in mir trage ...

Aber im Ernst: Es ist ja wichtig, dass die Wissenschaft Wissen schafft. Nimmt sie uns jedoch die Motivation, uns selber und die Dinge dieser Welt zu ändern, schießt sie übers Ziel hinaus. Wenn tatsächlich alles vorbestimmt ist, wird der Mensch in die Rolle eines bloßen Statisten gedrängt. Er zappelt wie eine Marionette an den Fäden seiner Gene. Das kann letztlich, konsequent zu Ende gedacht, zu lähmender Gleichgültigkeit, zu Bequemlichkeit führen.

Aber wer will sich von so einem Muffel-Gen denn wirklich den schönen Sonntag verdüstern lassen?

Über das Klon-Schaf Dolly und die Folgen

Ein neuer Begriff hat unseren alltäglichen Wortschatz erweitert: »Klonen«. So bezeichnet man die Herstellung genetisch identischer Lebewesen – und jeder von uns hat dabei jetzt ein geduldig blickendes Schaf vor Augen. Dolly heißt das Tier, sein Zuhause ist der Stall eines Forschungsinstitutes im schottischen Roslin.

Dolly, das geht in den ungezählten Diskussionen über dieses Thema bisweilen unter, ist allerdings nicht die allererste genetische Kopie eines Lebewesens. Es gab schon Frösche, es gab Mäuse, Rinder und Ziegen. Aber – und das macht das Schotten-Schaf für manche so sensationell und für viele so beunruhigend – Dolly wurde nicht wie alle anderen aus dem Erbgut embryonaler Zellen geklont. In ihr sehen wir die Verdoppelung eines ausgewachsenen Säugetieres, entstanden durch die Entnahme einer Euterzelle.

Man kann es auch noch einfacher, noch plastischer sagen: Hier hat der Mensch, in diesem Fall der schottische Professor Ian Wilmut, getan, was bislang nur dem vorbehalten war, den wir Schöpfer nennen. Und damit, bei allem Respekt vor seiner wissenschaftlichen Leistung, eine Grenze überschritten, die als unantastbar galt.

Dass es immer schon eineiige Zwillinge gab, ohne dass deshalb Szenarien des Schreckens entworfen wurden, ist ein Einwand, der nicht zählen darf: Denn die entstanden durch die Laune der Natur, nicht durch den Eingriff des Menschen.

Seit wir aber von Dolly und ihrem Zustandekommen wissen, wird immer wieder dieselbe Frage gestellt: Kann man die Methode, die bei der Erschaffung des Schafes angewandt wurde, auch beim Menschen praktizieren? Ist man dann nicht mehr auf »Launen« angewiesen?

Professor Wilmut und andere Genforscher haben diese Frage meist ganz schnell beantwortet. Vermutlich, weil sie nur den wissenschaftlichen Hintergrund dabei sahen: Zwei Jahre wird es vielleicht noch dauern, länger kaum. »Da bin ich ganz sicher – wenn man es wirklich will«, sagte Wilmut.

Der Mensch ist bestrebt, alles umzusetzen, was er für machbar hält – im scheinbar Guten und im absolut Bösen.

Und so lautet eben die zweite Frage, die wichtigere. Und die, vor deren wahrheitsgemäßer Beantwortung wir uns fürchten müssen.

Denn wann erfahren wir vom ersten Mann, von der ersten Frau, die an die Forscher herantreten: Herr Professor, wir möchten ein Duplikat von uns herstellen lassen. Aber eines mit starkem Herzen, unbelasteter Lunge, kräftigen Knochen ...

Ausgeschlossen, undenkbar? Nein, ich glaube das nicht. Der Mensch hat in seiner jahrtausendealten Geschichte schon viel zu häufig bewiesen, dass er bestrebt ist, alles umzusetzen, was er für machbar hält – im scheinbar Guten und im absolut Bösen.

Es wird nicht bei dem Fortschritt bleiben, mit dem man jetzt die Erzeugung der geklonten Dolly rechtfertigt: dass nämlich ihre gentechnisch manipulierte Milch vielleicht einmal lebensrettende pharmazeutische Stoffe liefern kann. Gut, wenn es so wäre, erwiesen ist das noch lange nicht.

Der Mensch aber muss immer Geschöpf bleiben und darf nicht zum Schöpfer seiner selbst werden. Darin liegt letztlich die Unantastbarkeit seiner Würde begründet, die unsere Verfassung an erster Stelle einfordert. Und die Bibel nennt den Menschen das »Ebenbild Gottes« – vom Spiegelbild eines anderen ist nirgendwo die Rede.

Der Mensch nämlich ist kein Serientyp aus dem Labor, sondern ein einzigartiger Prototyp. Und das verleiht ihm einen Selbstwert, den ihm niemand nehmen darf.

Über falsche Titel und echte Leistung

Er arbeitet als Chirurg in einer großen deutschen Klinik. Es ist ein harter Job. Doch mein Bekannter macht ihn gut, und er macht ihn gern, weil er, obwohl erst Mitte vierzig, seinen Beruf noch ganz altmodisch als »Berufung« versteht.

Und sich deswegen bisweilen ziemlich dämlich vorkommt. Wie erst kürzlich, als eine neue Patientin nach dem ersten Behandlungsgespräch lange auf sein Namensschild am weißen Kittel starrte, schließlich ihren ganzen Mut zusammennahm und fragte: »Nichts für ungut, Herr Doktor, aber sind Sie überhaupt ein richtiger Doktor? Auf dem Schildchen steht ja nur Ihr Name ...« Als er mir, halb amüsiert und halb verärgert, diese Episode erzählte, lief ich selber in die Falle. »Ja«, entgegnete ich, »aber Sie tragen ja wirklich keinen Doktortitel. Wieso eigentlich nicht?«

Die Gründe, die der Arzt mir dann nannte, beschämten mich und meine alberne Frage. Sie sollten auch die misstrauische Patientin ein bisschen nachdenklich machen. Und eine ganze Menge anderer Menschen: Nach dem Examen nämlich hatte mein Bekannter von den elenden medizinischen Zuständen im Sudan gehört – und wie dringend man dort unten in Afrika die Hilfe westeuropäischer Mediziner benötigt. Er packte die Tasche und flog hin. Vier Jahre blieb er, leistete Hilfe, rettete Leben.

Als er zurückkam, war er der Überzeugung, dass er niemandem mehr beweisen müsse, welch guter Arzt er sei. Und er war der Auffassung, dass Erfahrung und Engagement mehr zählen müssen als der »Dr.« auf Praxisschild, Briefbogen und Visitenkarte.

Aber, wie gesagt: Vielleicht ist der Mann ja wirklich etwas altmodisch. Denn nirgendwo anders als bei uns scheint die Auffassung stärker ausgeprägt zu sein, dass der Mensch, besonders als Arzt, Anwalt, Apotheker oder Pädagoge, erst dann zum vollwertigen Mitglied seines Standes wird, wenn er seinen Namen mit diesen zwei Buchstaben verzieren kann.

Dass diese eitle Titelsucht direkt in die simple Kriminalität führen kann, mussten über 800 hochmögende Herrschaften unserer besseren Gesellschaft bitter erfahren: Deren Namen fand die Polizei nämlich in der Kartei eines Titelhändlers. Bis zu 30 000 Euro zahlten sie ihm, um sich endlich, endlich auch mit dem »Dr.« und anderem akademischen Schnickschnack zieren zu können, verliehen von irgendeinem dubiosen Institut.

Fängt der Mensch wirklich erst beim Doktortitel an?

Jetzt drohen Strafverfahren, Bußgelder und Häme all derer, die man mit den vermeintlich so mühevoll erworbenen akademischen Ehren beeindrucken wollte.

Ich gestehe: Solche Meldungen lese ich mit einer gewissen Schadenfreude. Ganz unverhohlen ziehe ich allerdings auch meinen (einfachen) Hut vor jedem, der seinen (Doktor-)Hut durch eine wissenschaftlich wertvolle Arbeit verdient hat oder wegen herausragender Lebensleistung zugesprochen bekam. Um ihn

zu ehren. Nicht als Empfangsbestätigung für einen dicken Scheck.

Jetzt weiß ich auch, wie ich mich jener jungen
Dame gegenüber verhalten werde, die mir auf einer
Party von den stolzen Gastgeber-Eltern vorgestellt
wurde. Ganz offiziell, obwohl ich sie schon seit Jahren
kenne: »Lieber Herr Hahne«, hieß es da plötzlich, »das
ist also seit vorgestern Fräulein Doktor!«

Nachdem ich die umwerfende Neuigkeit in ihrer
gesamten Tragweite verkraftet hatte, fragte ich das
»junge Fräulein Doktor«, worüber sie denn promoviert
habe. Verlegenes Lächeln – und dann das Eingeständnis: »Das war eigentlich ein völlig belangloses Thema,
die Wissenschaft bringt das natürlich keinen Millime-
ter weiter – aber mir füllt es die Praxis ...«

Ich glaube, ich arrangiere ein Gespräch zwischen
der jungen Ärztin mit der druckfrischen Doktorarbeit
und dem erfahrenen Mediziner, der auf seine Art promoviert hat – bei den Menschen, die seine Hilfe
brauchten.

Über die
Unentbehrlichen
und ihre Irrtümer

Zunächst war es nur ein Schnupfen, dann kam schon Fieber dazu. Doch Günter Rexrodt wertete das nicht als Signale einer ernsten Krankheit. Die Terminhetze eines Politikers ließ keine Zeit dafür, sorgsam in sich hineinzuhören. Schließlich galt es, ein Sparpaket zu schnüren, das kühle Konjunkturklima anzuheizen.

Erst als der Kollaps kam, ging er zum Arzt. Diagnose: Malaria in der schlimmsten Form. Infiziert auf einer der vielen Dienstreisen. Die Ärzte verbreiteten nach einer Woche Intensivstation zaghafte Hoffnung: »Sein Zustand hat sich deutlich stabilisiert, es geht dem Minister täglich einen Tick besser.«

Ich denke an den 2. September 1988, an die Eilmeldung, die ich im ZDF-Großraum aus dem Fernschreiber zog: Außenminister Hans-Dietrich Genscher brach bei einer Rede in der Universität Oslo zusammen, es geschah auf seiner 26. Auslandsreise im Zeitraum von acht Monaten. Schon Tage vorher war mir in Bonn aufgefallen: Der Mann, der pro Amtsjahr dreimal um den Erdball jettete, sah schlecht aus, verzweifelt schlecht. Nun die Herzattacke, Bonn hielt den Atem an. »Hoffentlich geht es gut aus«, war mein erster Gedanke. Wie auch bei Rexrodt.

Denn hinter nüchternen Fakten der Agenturmeldungen stecken Schicksale mit einem Hintergrund, der nur dem Gedankenlosen banal erscheint: Morgen kann es mich treffen – oder jeden von uns. Auch ohne ein Leben im Jetset oder im Politzirkus: Plötzlich gerät man aus dem Gleichgewicht, aus dem Rhythmus – von einer Sekunde zur anderen, ohne Voranmeldung. Und es gibt keine Sekretärin, die warnt: »Chef, der Tod ist da ...«

Einer, der sonst auf Energie und Dynamik setzt, liegt auf einmal flach. Einer, der gewohnt ist zu bestimmen, wird hilflos. Das Fundament unserer Sicherheiten ist stets weniger stabil, als wir denken. In einer Welt, in der alles planbar und machbar scheint, werden die Weichen letztlich doch woanders gestellt.

Das Fundament unserer Sicherheiten ist weniger stabil, als wir denken.

Und man fragt sich: Gehört die Erkenntnis, dass unser Leben verletzlich und vergänglich ist, zur Pädagogik des Schöpfers? Damit wir wieder Mensch werden und unsere Grenzen erkennen? Vielleicht sind wir ja so gebaut, dass wir den berühmten Warnschuss vor den Bug brauchen, um wieder richtig Kurs zu kriegen.

An den Tag, der ihn fast das Leben kostete, denkt Firmenchef Heinz Gregor Johnen (das ist der Mann mit der »Zentis«-Frühstückskonfitüre) dankbar zurück. »Denn ich war kurz davor, überzuschnappen. Ich hielt mich für unsterblich.«

Man braucht dazu nicht König der Konfitüren zu sein. Auch wir halten uns doch alle irgendwie für unentbehrlich: als König in der Familie, im Verein, im Büro.

Im Wettlauf des Lebens legt man ein Tempo vor, als könnte einem nichts passieren. Das Leben wird verheizt, scheinbar mühelos steckt man seine Zwölf-Stunden-Tage weg. Arbeitszeit und Überstunden, dem Freund beim Hausbau helfen, dem Onkel beim Renovieren. Hobbys, Ehrenämter und Verein. Stress wird zur Sucht, als habe man Angst, eine Pause zuzulassen.

Und plötzlich holt das Leben zum großen Schlag aus und verordnet die Zwangspause.

Wenn wir aufwachen und davongekommen sind, spüren wir mit Erleichterung, was uns vorher in Erschrecken versetzt hätte: Vielleicht geht es auch ohne mich. Vielleicht auch mit weniger im niedrigen Gang. Statt Reibungsverlust im Wettstreit mit Wichtigen und Wichtigtuern gibt es einen Zeitgewinn für die Familie, den Partner.

Hans-Dietrich Genscher hat das begriffen, Heinz Gregor Johnen hat es verstanden. Und unser kranker Nachbar auch ...?

Über ärztliches Schweigen und ärztliche Pflichten

Es klang nach heftiger Kollegenschelte, was ich von einem Ärztekongress in Freiburg hörte. Da stellte sich ein renommierter Medizinprofessor aufs Podium und hielt seinen Standeskollegen derart kräftig eine Standpauke, dass ein Vollnarkotisierter davon wach geworden wäre.

Die Kollegen, so diagnostizierte der Mann, wüssten zwar alle trefflich einen gereizten Blinddarm zu erkennen. Der Mensch, dem sie diesen Blinddarm entfernen müssten, interessiere sie allerdings kaum. Und die jungen Ärzte, erregte er sich weiter, seien zwar fachlich bestens ausgebildet, lernten aber nicht, wie man mit Patienten richtig umgehe. Wie man mit ihnen spreche – und wie wichtig es sei, das private Umfeld des Kranken in die Therapie mit einzubeziehen.

Zuerst dachte ich, da will sich einer wichtigmachen. Will mal in die große Zeitung kommen und nicht immer nur ins medizinische Fachblatt. Denn ich erlebe die so unfein gescholtenen Ärzte ganz anders.

Mein Zahnarzt zum Beispiel erklärt mir jeden Handgriff, bevor er den Bohrer surren lässt.

Und der freundliche Internist nimmt sich meist so viel Zeit, mein »privates Umfeld in die Therapie mit einzubeziehen«, dass mir die dadurch rasch anwachsende Schlange im Wartezimmer schon fast peinlich ist.

Nein, wirklich, Herr Professor, wo haben Sie bloß Ihre Erfahrungen gesammelt?

Ich habe den Mann angerufen. Wolfgang Hiddemann heißt er, ist Professor und zu dem Zeitpunkt ranghöchster Krebsspezialist an der Uni-Klinik von Göttingen. Kam gerade von der einen Tagung, war schon wieder auf dem Weg zum nächsten Kongress. Hatte eigentlich keine Zeit – und nahm sich trotzdem ein paar Minuten.

Erzählte vom »Patienten-Forum« an seiner Uni, zu dem sich jede Woche Ärzte, Studenten und Kranke zusammensetzen, um Probleme zu besprechen. »Da wird Tacheles geredet, und wir Mediziner kommen meist schlecht weg«, sagt Hiddemann. Diese Erfahrungen hätten ihn dazu gebracht, das Defizit bei der Ärzteausbildung zu beklagen. »Sachwissen allein reicht nicht. Wir müssen es auch einsetzen können, indem wir den Patienten als Partner und nicht als Objekt sehen.«

Der hilflose Patient: Ist er Partner, Objekt oder Opfer von »Dr. med. Herzlos«?

Und mit Partnern spricht man. Findet Worte, die Vertrauen bilden. Redet Deutsch statt Fach-Latein.

»Es muss uns gelingen, dass sich die Patienten uns gegenüber öffnen. Dass sie Dinge berichten, die über Herzflimmern und Migräneschmerz hinausgehen.« Ich frage nach Beispielen, der Professor spricht vom Fußball: »Wenn ich einen Patienten frage, ob er sich gestern auch so über das miese Spiel im Fernsehen geärgert habe, herrscht zwischen uns beiden doch sofort eine ganz entspannte Atmosphäre.«

Hat er recht, sind meine Erfahrungen in der Praxis

nur Theorie, nur selten gewordene Ausnahmen? Ich frage andere, grabe ein bisschen tiefer im Erlebten. Und höre deprimierende Geschichten.

Eine, die für viele steht: die der Nachbarin, die zum Doktor ging, weil sie sich unwohl fühlt, weil sie Schmerzen spürt, die sich nicht zuordnen lassen. Im Sprechzimmer versucht die Frau dem Arzt dann zu sagen, dass die Schmerzen kamen, als ihre Katze verschwand. Das einzige Lebewesen, das ihr geblieben war. Der Mann im weißen Kittel wollte das nicht wissen. Er fühlte hier, er horchte dort und ordnete eine Ultraschalluntersuchung an. »Alles okay«, sagte er schließlich, »wahrscheinlich psychosomatisch. Unternehmen Sie mal wieder was Schönes.«

Zack, peng. Dr. med. Herzlos.

Wer Menschen retten will, muss Menschen verstehen wollen. Das mag oft mühsam sein und kostet immer Zeit. Aber es ist ohne Risiken und Nebenwirkungen. Fragen Sie ruhig Ihren Arzt ...

Über gute Wünsche
und die richtige Dosierung

Neujahrsmorgen in Tirol, ein Kurzurlaub im Pulverschnee. Die Wirtin des Stammlokals hat zum Frühschoppen gebeten, man möchte doch das Jahr richtig zünftig beginnen.

Die Gaststube dampft vor Wärme und Gemütlichkeit, eine Kellnerin im Dirndl kämpft sich durch die Menschenmenge zu unserem Tisch durch. Schwungvoll setzt sie ihr Tablett ab, verteilt den selbstgebrannten Obstler. Und wünscht, während wir den Hochprozentigen schon schlucken, gutgelaunt: »Prost Neujahr! Alles Gute – und vor allem Gesundheit!«

Zum Skifahren bin ich an diesem Tag nicht mehr gekommen, zu häufig und zu reichlich haben wir die Gläser gehoben, angestoßen und allen, die uns über den Weg liefen, gewünscht: »… und vor allem Gesundheit!«

Es gibt keinen anderen Tag im Jahr, an dem wir uns gegenseitig so häufig daran erinnern, welchen Stellenwert die Gesundheit in unserem Leben einnimmt: Sie kommt nämlich vor allem anderen.

Und es gibt gleichzeitig wohl keinen anderen Tag im Jahr, an dem wir so wenig daran interessiert sind, wem wir eigentlich das alles wünschen und wie dieser Wunsch beim Nächsten ankommt.

Ich habe das am anderen Morgen gespürt, als mir die Ohren noch klangen von den ungezählten Malen, die mir »... und vor allem Gesundheit!« zugerufen wurde.

Soll man es deswegen ganz sein lassen? Keinem mehr das Gute, das Wichtigste wünschen – Gesundheit für Leib und Seele nämlich?

Nein, so ist das natürlich nicht gemeint. Niemand, der nicht bösen Willens ist, wünscht dem anderen Krankheit an den Hals. Aber statt sich an diesem einen Tag im Jahr hundertfach die Aufforderung entgegenzuschleudern, doch gefälligst fit zu bleiben, sollte man auch diesen Wunsch so sorgsam dosieren wie Medizin.

Den Nachbarn zum Beispiel trösten teilnehmende Fragen nach dem Heilungsverlauf seiner kranken Nieren mehr, wenn man auch ein paar Minuten aufbringt, mit dem Mann anschließend zu reden. Und nicht im Neujahrsstress schon zum nächsten weiterhastet, bevor er überhaupt antworten kann. Und dem Partner, der Partnerin wäre viel mehr geholfen, würde man sich auch in den 364 folgenden Tagen des Jahres ein bisschen aufmerksamer um sie kümmern. Es muss ja nicht immer die dicke Krankheits-Keule sein, die auf sie herabgesaust ist. Auch für kleine Blessuren, für scheinbar weniger bedeutende Wehwehchen, sind ehrliches Interesse und aufrichtige Anteilnahme ein sinnvolleres Pflaster als der unbedachte Massen-Wunsch.

Denken Sie bitte einmal darüber nach: Wie oft haben Sie zum Jahreswechsel diese berühmten Worte »... und vor allem Gesundheit!« hingeschrieben, hingesagt? Ich habe für mich nachgerechnet – und beschlossen, von nun an sorgsamer damit umzugehen.

Nicht dass ich anderen Menschen weniger häufig wünschen werde, sich ihre Gesundheit zu erhalten. Aber ich will es auch dann sagen, wenn nicht gerade Böller krachen und Sektgläser klirren. Wenn Stille herrscht, und wenn ich die Zeit habe, zuzuhören.

3
Über Erlebtes & Erfahrenes

Über den Fluch der Eile und die Zeit für Muße

Acht Stunden und 25 Minuten angeschnallt im Flugzeugsessel, und ich bin da: John-F.-Kennedy-Airport in New York, die erste Urlaubsstation. Die Einreiseformalitäten werden zügig erledigt, dann suche ich mir den Weg zum Gepäckband. Schilder zeigen in eine weitentfernte Richtung. Eigentlich möchte ich vor dem Kofferholen gern mal Atem schöpfen, mich beim Warten umsehen, die neuen Eindrücke wirken lassen. Doch das darf ich nicht, die Konstrukteure lassen mich marschieren, lange Minuten und eilige Schritte bis zum Gepäckband.

Ein Passagier, New-York-erfahren, klärt mich schließlich auf, auch er völlig außer Puste: »Die Amis halten die Leute am liebsten in Bewegung. Wer in Action ist, kommt nämlich nicht zum Überlegen, wird nicht unruhig oder unzufrieden.«

Seltsame Logik. Aber irgendwie schon sehr zeitgemäß. »In der Ruhe liegt die Kraft«, gilt längst nicht mehr.

Wir befinden uns in einer Epoche der Beschleunigung: immer schneller, immer alles – und das sofort und jetzt. Das Leben als ununterbrochene Olympische Spiele.

In meinem Amerika-Reiseführer steht als allererster Satz: »New York ist keine Stadt, sondern eine Zeitmaschine; oder ein Kino, in dem die Filme schneller ab-

106

laufen als anderswo.« Aber auch wir Deutschen leben ja unter dem Druck der verordneten Zeit. Wir sind besessen von der fixen Idee, alles müsse immer schneller gehen.

Wir haben Schnellimbisse, Mikrowellen und Sekundenkleber. Und wenn die hastig geschlürfte 5-Minuten-Terrine einen Flecken auf dem Anzug verursacht, wird der sofort entfernt. In einer Schnellreinigung, im Stundentakt.

Atemlos hetzen wir durch den Tag, schlagen die Zeit tot wie einen Feind. Der Fluch der Eile lässt unsere Seele verkümmern. Wir brauchen wohl ein Tempolimit fürs Leben, denn alltäglicher Zeitdruck macht kaputt, ein voller Terminkalender kann zum mörderischen Statussymbol werden. Schon wollen Psychologen die »Sehnsucht nach Entschleunigung« entdeckt haben.

> *Wir hetzen atemlos durch den Tag und schlagen die Zeit tot – wie einen Feind.*

Der amerikanische Schriftsteller Mark Twain ist nicht nur der Vater von Tom Sawyer und Huckleberry Finn, sondern auch Vater der spöttischen Erkenntnis: »Als sie das Ziel aus den Augen verloren, verdoppelten sie ihre Anstrengungen.« Er meinte damit Menschen, die, auf der Jagd nach Leben, in Wahrheit die Gejagten sind. Die immer schneller laufen, um immer weiter vom Ziel abzukommen. Die letztlich das Leben verpassen.

Und als hätte der Schöpfer das geahnt, befiehlt er uns Muße statt Muss, wenigstens am Sonntag.

Sonntag, mein erster Urlaubstag. Zeit, endlich eine ganz persönliche Tradition fortzuführen: Im Urlaub lege ich grundsätzlich die Armbanduhr ab ...

Über täglichen Ersatz
und erlebte Wirklichkeit

Roter Sandstein schimmert in der untergehenden Sonne, aus dem Tal hört man das Rauschen der Stromschnellen. Lose Holzstämme tanzen scheinbar schwerelos zwischen Fels und Klippe. So muss es ausgesehen haben, als damals die Indianer mit ihren Flößen die geheimnisvolle Schlucht erkundet haben: den Grand Canyon, dieses gigantische Weltwunder im Südwesten Amerikas. Vom »Point Imperial«, dem höchsten Aussichtspunkt in dieser bizarren Landschaft, sieht man einen Adler mit Riesenschwingen lautlos durch die Luft gleiten: hoch über dem Grand Canyon, dieser Mischung aus Abenteuer und Romantik.

Damals, vor vier Wochen, war es nur ein Film. Aber was für einer: Ich beobachtete das Erlebnis Grand Canyon dreidimensional auf einer riesigen Leinwand. Im Münchner Deutschen Museum – und alles wirkte echt.

Es wirkte nur so, denn erst jetzt war ich wirklich da. Es ist gerade ein paar Stunden her, als ein Wunschtraum in Erfüllung ging: Einmal auf dem »Point Imperial« stehen, der mit seinen 2700 Metern eine atemberaubende Aussicht auf den Grand Canyon bietet.

Bei glühender Hitze bin ich, von Denver kommend, Hunderte von Meilen durch die Wüsten Arizonas gefahren. Kahl und felsig die Landschaft, schnurgerade und endlos die Highways. Es ist später Nachmittag, als

108

die erste Felswand des Grand Canyons auftaucht, die klimatisierte Luft des Leihwagens wird von 47 Grad heißem Wüstenwind weggeblasen. Schließlich ist der Aussichtspunkt erreicht, er hängt wie eine Kanzel über der Schlucht.

Was ich sehe, lässt mir den Atem stocken. 1600 Meter tief ist die Schlucht, bis zu 30 Kilometer breit. Die Abendsonne taucht die Felsen in immer neue Rottöne – als würde ein unsichtbarer Maler alle paar Minuten eine neue Farbe ausprobieren.

Sogar die unaufhörlich plappernden Studenten, die ich unterwegs traf, sind plötzlich verstummt. Es dauert Minuten, bis einer von ihnen wieder zu reden beginnt – kein belangloses Zeug, kein »echt geil« oder Ähnliches. Der Junge zitiert in die Stille hinein den uralten Psalm Davids: »Was ist der Mensch ...?« Nirgendwo ist mir dieses Wort so sehr unter die Haut gegangen wie an diesem Ort.

Der Junge zitiert in die Stille hinein den uralten Psalm Davids: »Was ist der Mensch ...?«

Man muss so etwas live erleben, direkt und ohne Filter. So bequem es ist, wenn uns die Medien – auch das Fernsehen, für das ich arbeite – die Welt und ihre Schönheiten ganz einfach nach Hause bringen, so sehr habe ich hier gespürt: Was man nicht selber sieht, schmeckt und mit allen Sinnen fühlt, bleibt immer Ersatz.

Und das gilt nicht nur für Bergmassive in den Staaten, nicht nur für Korallenriffe in den Ozeanen oder Elefantenherden in afrikanischen Naturparks. Das stimmt auch dann, wenn es um Rehe geht auf einer Waldlichtung im Harz, um blühende Obstbäume am

Bodensee und um die Störche, die auf mecklenbur-
gischen Giebeldächern ihre Nester bauen.

Aber natürlich, auch das gilt nicht für jeden: Später
im Motel beschwerte sich ein New Yorker Tourist em-
pört, ihm sei es vorhin viel zu heiß und zu anstrengend
gewesen.

Deswegen sei er umgekehrt und habe sich drei Dut-
zend Dias vom Canyon gekauft: »Die sehe ich mir später in Ruhe zu Hause an und trinke dazu ein paar Do-
sen eiskaltes Bier.«

Der Mann aus New York: Er war nur da. Ich aber
durfte dabei sein ...

Über fremde Köche
und heimischen Brei

Frühstück in Fort Laramie im US-Bundesstaat Wyoming. Unbedingt wollte ich zu diesem Ort, der für mich ein Stück TV-Geschichte ist.

Hier wurde meine Lieblingsserie gedreht: »Am Fuß der blauen Berge«. Ich sitze im Restaurant und träume mich ein bisschen zurück in die Zeit der Postkutschen, der Revolverhelden, der Trapper und Indianer. Und schrecke hoch, als mir die Kellnerin den Teller vorsetzt: eine riesige Platte, beladen mit all dem, was sie mir auf meiner USA-Reise jetzt schon zum neunzehnten Mal als erste Mahlzeit des Tages servieren: »ham and eggs«, Eier mit Schinken. Dazu ein Berg Bratkartoffeln, daneben Buttertoast, danach Pfannkuchen mit Ahornsirup.

Zum Nachspülen literweise Kaffee – das Herz regt's nicht auf (hier schießt man die Bohnen allenfalls kurz durchs Wasser).

Zu Hause, ganz sicher, würde ich so niemals frühstücken. Aber hier, ganz ehrlich, schmeckt mir das. Auch noch beim neunzehnten Mal.

Denn beim Essen, beim Trinken nehme ich ein Stück Kultur dieses fremden Landes ein, ich »erschmecke« mir neue Erfahrungen. Schließlich fliege ich nicht um die halbe Welt, um zu futtern wie bei Muttern. Und auch nicht, um in Restaurants zu speisen, die ihre Türen mit Kreditkarten-Reklame zukleistern.

Und europäische Küche bieten, wie sie in allen Spesen-Tempeln von Toronto bis Tokio zu bekommen ist.
Deshalb habe ich nur verwundert den Kopf geschüttelt über den deutschen Touristen, den ich im Yosemite-Nationalpark traf.

Wie der dort auftrumpfte mit seiner Weitläufigkeit, seinen Globetrotter-Erfahrungen. Das neunte Mal sei er jetzt schon in den Staaten, tönte er und wollte dann unbedingt meine Meinung hören: Ob mir denn auch schon aufgefallen sei, wie klebrig süß hier der Käse-kuchen schmecke, wie geschmacklos fad die Salatso-ßen seien und wie unappetitlich weich die Böden der Pizzen ...

Macht dich der Hotdog in New York schon zum Weltbürger?

Und zählte dann, zwei Atemzüge später, auf, dass der Käsekuchen zu Hause im oberschwäbischen Stamm-Café unschlagbar sei – von den Salatsoßen, die seine Frau zube-reiten könne, ebenso wenig zu re-den wie von der Pizza Margharita daheim im Ristorante um die Ecke.

Soll jetzt aber keiner denken, dass ihn der Kauf eines Hotdogs in New York oder eines Lammkoteletts in Istanbul schon automatisch zum aufgeschlossenen Weltbürger macht. Liebe zum fremden Land geht nicht nur durch den Magen: Die empfindet nur, wer sich einlässt auf die Eigenheiten des anderen. Wer, zum Beispiel hier in Amerika, seine europäische Reser-viertheit ablegt, sich mitreißen lässt von der Herzlich-keit, die sich wirklich nicht immer an der Oberfläche des »How are you?« abspielt. Und verdient hat diese Art von Zuneigung und Interesse schließlich nur derjenige, der sich nicht scheut, auch selbst etwas davon zurückzugeben.

Ich habe in den vergangenen Wochen leider viel zu viele getroffen, die besser zu Hause geblieben wären.

Über verlorene Bücher und wiedergefundene Erinnerungen

Die freundliche Dame am Schalter hat gar nicht erst versucht, übertriebene Hoffnungen zu wecken: »Vielleicht werden wir Ihr Gepäck wiederfinden – aber das kann dauern, sehr lange dauern.«

Mein »Amerika-Koffer« hatte den Rückflug von New York nach Frankfurt offenbar nicht mitgemacht. Jedenfalls war ich der Einzige, der sich vergebens am Förderband angestellt hatte – statt des Gepäcks blieb mir nur ein Bündel Erinnerungen ...

Ärgerlich, aber nicht wirklich tragisch: Hemden und Hosen, Schuhe und Socken – alles zu ersetzen. Die Zahnbürste sowieso, und den alten Reisewecker wollte ich ohnehin längst entsorgen. Leid tat es mir allerdings um das Geburtstagsgeschenk, das ich meiner Mutter zum Siebzigsten geben wollte – aber auch da würde sich Ersatz finden lassen.

Nur der Terminkalender, dieses schwarzlederne, abgewetzte Buch, das ich so leichtsinnig eingepackt hatte – der wäre wirklich unersetzlich.

Denn da steckt vieles drin, was man zum Leben braucht: Adressen, Telefonnummern, Zettel und Zettelchen, Notizen, Erinnerungen. Seit zwanzig Jahren begleitet mich das Buch beinahe überall mit hin, ist mit der Zeit dick und prall geworden.

Und jetzt ist es weg.

Schon während der Fahrt nach Mainz grüble ich, welche Daten noch bei mir im Kopf gespeichert sind. Bereits bei »B« fällt mir lediglich der Besitzer einer Buchhandlung und dessen dazugehörige Telefonnummer ein. Darunter, auch das weiß ich noch, hatte ich notiert, wie der freundliche Kollege aus Japan zu erreichen ist, den ich damals auf der Funkausstellung traf. Doch ohne nachzuschlagen erinnere ich mich nur, dass sein Nachname mit B beginnt ...

Natürlich lässt sich vieles rekonstruieren. Zahnarzt und Steuerberater stehen im öffentlichen Fernsprechbuch, der Friseur ebenso wie die Nummern der Lieblingsrestaurants. Aber manche Geheimnummern oder Adressen, die man während eines Journalistenlebens gesammelt hat, sind futsch. Und viele private Erinnerungen, festgemacht an Zahlen und Buchstaben. Schon der erste Anrufer am Montag lässt mich, ohne es zu ahnen, den Verlust spüren: »Du weißt doch, wie man den Herrn P. erreicht, guck mal in dein schlaues Buch«, bittet die Kollegin. Aber ohne »mein Buch« bin ich eben aufgeschmissen.

Nur ein altes Adressbuch. Und doch ein Stück vom Leben ...

Deshalb hätte ich jubeln können, als der ZDF-Pförtner später durchklingelt: »Ihr Koffer ist eben hier abgegeben worden.« Und wie groß das Aufatmen nach der ersten, flüchtigen Kontrolle: Alles da, nichts fehlt. Noch nicht einmal der Reisewecker. Und, Gott sei Dank, nicht der Kalender.

Nun liegt er vor mir auf dem Schreibtisch. Beinahe liebevoll nehme ich die alte Kladde in die Hand: Ihr zerfledderter Rücken wird nur notdürftig von einem

Klebestreifen zusammengehalten, ein paar Visitenkarten schauen aus den abgegriffenen Seiten.

Ich blättere langsam, überfliege Namen, Nummern und Adressen. Manches, ehrlich gesagt, ist reiner Datenmüll. Nummern, die ich nie anwähle. Adressen, die wahrscheinlich nicht mehr stimmen. Namen von Menschen, mit denen mich nichts mehr verbindet. Ich fange an, zu ordnen und zu streichen. Zu sortieren, zu gewichten.

Es wird spät an diesem Mittwoch. Auch wenn der wiedergefundene Koffer schon längst bei mir im Wohnzimmer steht, habe ich außer dem schwarzen Büchlein noch nichts ausgepackt.

Zu vieles geht mir durch den Kopf. Die Telefonnummer eines verstorbenen Kollegen. Wollte ich seine Frau nicht schon längst einmal anrufen? Wollte ich nicht der netten Familie, die ich vor fünf Jahren auf Korsika traf, ein paar Urlaubsfotos schicken – ich habe es bis heute nicht getan. Sofort beginne ich mit der Suche nach den Bildern ...

Ich merke, dass ein solches Adressbuch wie ein Stückchen vom Leben ist: Wo eine Beziehung einschläft oder abstirbt, soll man ruhig zum Radiergummi greifen. Doch wo etwas lebendig ist und atmet, darf ich es nicht durch Vergessen ersticken.

Über den Dreck in den Städten und die Schuldigen daran

Vor einigen Wochen, ich war wieder auf dem Rückflug von Amerika, stieß ich beim Durchblättern einer Zeitschrift auf den Artikel, der vom Dreck auf unseren Straßen handelte und der Verunreinigung der Innenstädte.

Der Hauptverband des Einzelhandels ist der Frage nachgegangen, warum immer weniger Kunden in die City-Geschäfte zum Einkaufen kommen und den Stadtkern sogar für eine »abstoßende« Zone halten.

Gründe für das schlechte Image der Innenstädte seien, so das naheliegende Ergebnis einer Umfrage, vor allem verdreckte Straßen und verschmierte Hauswände.

In Amerika habe ich es ganz anders erlebt. Zwar sind auch dort Straßen und Plätze von Millionenstädten wie Los Angeles oder New York natürlich keineswegs »blitzblank«, aber doch auffällig sauber: Selbst in Parks und Grünanlagen findet man kaum Abfälle oder Graffiti-Spuren. Auch in Vierteln, die nicht als »gute Adressen« gelten, scheinen die Bewohner großen Wert darauf zu legen, vor der eigenen Haustür Ordnung zu halten.

Ich beobachtete eine Gruppe junger Leute, die in der Melrose Avenue von Los Angeles, in der sich Laden an Laden reiht, auf einer Mauer saßen. Neben sich ihr

Mittagessen: Cola im Pappbecher, Hamburger in der Styroporschachtel, Pommes im Papiertütchen. Als sie fertig waren, räumten sie zusammen und versenkten den Müll sorgfältig im nächsten Abfallkorb.

Wie hätte das bei uns ausgesehen? In einem Land, in dem es selbstverständlich scheint, Zigarettenkippen auf dem Asphalt auszutreten und dort liegen zu lassen. In dem man, ohne nachzudenken, das Einwickelpapier vom Eis auf den Boden wirft. Und den Stiel später hinterher. Kaum eine Hausecke oder Ladenpassage, in der sich nicht der Abfall häuft.

Was hindert uns eigentlich daran, unser eigenes Verhalten zu ändern?

Wir wissen das alle. Wir ärgern uns alle. Und beinahe jeder begrüßt auch den Strafkatalog, nach dem diese ertappten Umweltferkel zur Kasse gebeten werden können. Trotzdem ändert sich nichts. Vielleicht, weil wir nicht bereit sind, unser eigenes Verhalten zu ändern?

Und zu dem Müll, über den wir uns so aufregen, unseren eigenen noch dazuwerfen: Was macht schon das bisschen Bonbonpapier in dem ganzen Unrat, der uns zu Füßen liegt …

Oft merken wir gar nicht mehr, wie selbstverständlich uns die zusammengeknüllte Brötchentüte »aus der Hand gleitet« und der Busfahrschein »einfach so« zu Boden flattert.

Mich holte diese Realität schnell wieder ein: Als ich mit meinem Fluggepäck in die S-Bahn stieg, betrat ich ein völlig versautes Abteil – der Boden klebrig, die Sitze angekokelt, die Wände beschmiert. »Dagegen muss doch endlich mal einer was tun«, forderte ein anderer

Fahrgast – und warf in derselben Sekunde sein Kaugummipapier zu den Zeitungen und Taschentüchern auf den Boden ...

Mein Blick fiel auf eine Tafel, die die Eisenbahn-Reklame GmbH angebracht hatte:

Bis sich Interessenten für die Fläche gefunden hätten, so hieß es da, habe man einen Spruch auf das Plakat gedruckt.

Und in großen Buchstaben stand zu lesen: »Was hindert uns eigentlich daran, das zu tun, was wir von anderen erwarten?«

Eine Frage, die mich viel länger nachdenken ließ als jede noch so clevere Werbebotschaft.

Über Wortentzug und Liebesentzug

Wir stehen jeden Tag 14 Minuten im Stau oder vor roten Ampeln. Wir brauchen täglich eine halbe Stunde, um Wohnung oder Arbeitsplatz aufzuräumen. Vor dem Spiegel stehen wir am Tag 17 Minuten, vor dem Fernseher sitzen wir 183 Minuten. Und da die Statistik nichts auslässt: 12 Minuten verbringen wir auf der Toilette.

Nur mit unserem Partner reden wir ganze 10 Minuten pro Tag. 10 Minuten!

Die Zeit, die sich Männer und Frauen nehmen, um miteinander zu sprechen, wird immer kürzer. Es scheint, als habe man sich in der Partnerschaft kaum noch etwas zu sagen. Man ist zusammen, aber doch weit auseinander. Man schweigt sich an, ist mit sich selbst beschäftigt.

Vor ein paar Abenden fiel es mir wieder einmal in einem Lokal auf. Da saß ein Ehepaar, es mag um die vierzig gewesen sein. Die einzigen Worte, die beide über ihre Lippen brachten, waren die Bestellung an den Kellner. Eine gute Stunde saßen die beiden da – ohne ein Wort, ohne eine Geste.

Sie stocherte in ihren Nudeln, er säbelte gelangweilt an seinem Steak. Grabesstille bis zum Dessert. Das Paar wirkte keineswegs zerstritten – es war nur auf Dauer verstummt ...

Bei Scheidungen geben immer mehr Ehepaare als

Grund an: »Wir haben uns nichts mehr zu sagen.« Und meinen das keinesfalls nur im übertragenen Sinn. Es gibt Männer, die monatelang keine Silbe mehr mit ihrer Frau gesprochen haben, und umgekehrt.

Das grenzt an seelische Grausamkeit. Wortentzug ist Liebesentzug. Wer nicht mehr mit mir redet, dem bin ich auch nichts mehr wert, für den bin ich Luft. »Das Schweigen war die Hölle«, sagte mir eine geschiedene Frau. »Ich fühlte mich wie lebendig begraben.« Manche Partnerschaft wird über Jahre hinweg zu Tode geschwiegen.

Wir Menschen sind zur Kommunikation geschaffen. »Es ist nicht gut, dass der Mensch allein sei …«, heißt es in der Bibel. Und Gemeinschaft äußert sich zuallererst im Gespräch. Wem das verboten ist, zum Beispiel in isolierter Geiselhaft, der kann darüber wahnsinnig werden.

> *Wortentzug ist Liebesentzug. Wer nicht mehr mit mir redet, dem bin ich auch nichts wert.*

Partnerschaft ist keine Einzelhaft, obwohl sich viele so verhalten und in einer unsichtbaren Einzelzelle leben. Die Zahl der »Seitensprünge« nimmt immer mehr zu, ermittelten Familienberater. Und meinen dabei nicht sexuelle Abenteuer, sondern die übermäßige Beschäftigung mit Computer, Haushalt oder Hobby. Man unterhält sich, aber nicht mehr mit dem Partner.

Natürlich kann man auch schweigend miteinander reden. Manchmal genügt ein Händedruck, ein Kuss, der Kontakt mit den Augen. Es gibt gemeinsam erlebte Glücksmomente, aber auch Leid, das man nicht in Worte fassen muss.

Und doch weiß jeder, dass Sorgen ihr Gewicht verlieren, wenn man darüber redet. Dass tröstende Worte Wunder wirken. Miteinander reden heißt ja auch: dem anderen etwas mitteilen, mit dem anderen teilen, Freud und Leid, Kummer und Glück. Das bewahrt eine Ehe in guten Tagen vor Leichtsinn, in schweren Tagen vor Verzweiflung.

Ich breche keine Lanze für nichtssagende Vielredner. Ungebremster Redefluss ist noch kein Gütesiegel für funktionierende Partnerschaft. Schweigen kann etwas höchst Aktives sein: dem anderen zuhören. Und wer zuhört, der sucht nach Antwort. Plötzlich redet man miteinander, nicht mehr oberflächlich aneinander vorbei.

Wenn Stille »das Atemholen der Seele« ist, dann ist Reden das Ausatmen. Eine intakte Partnerschaft braucht beides.

Über Ärger im Bad und Signale für die Beziehung

Dass die beiden gut zusammenpassten, sah man auf den ersten Blick. Überall, wo Bärbel und Bernd auftauchten, präsentierten sie gute Laune im Doppelpack. »Bei denen ist alles okay. Und noch so frisch«, seufzte mancher meiner Bekannten, die den Silberhochzeitszenit schon überschritten hatten. Nach außen hin stimmte wirklich alles bei diesem Idealpaar wie aus dem Katalog: strahlend schön, Erfolg im Beruf, Harmonie im Privaten. Einfach perfekt.

So ganz lupenrein schien das Glück aber doch nicht. Kurz nach Sonnenaufgang zogen sich nämlich meist Gewitterwolken zusammen, erklärte Bärbel fast lyrisch dem staunenden Publikum, als wir uns bei der Abschiedsfete eines Kollegen trafen.

Schon öfter hatten wir beim Partygeplauder erfahren, dass es zwischen den beiden jeden Morgen in unschöner Regelmäßigkeit kracht. Nein, kein richtiger Streit sei das, aber immerhin eine echte Auseinandersetzung. Bernd schraube nämlich partout die Zahnpastatube nicht zu und lasse sie obendrein, in verschlungene Formen gedrückt, am Waschbeckenrand liegen.

Das grenze an seelische Grausamkeit, meinte sie, weil er doch genau wisse, wie sie ausgerechnet das hasse. Bernd konterte: »Bärbel schmeißt die nassen Handtücher nach dem Duschen in die Ecke. Ist das etwa weniger schlimm?« Wieder dasselbe Spiel: Bärbel und Bernd im Wortstreit darüber, was nun mehr Ärger bringt und schlimmer ist.

Und wir hören das mit – offen gestanden – geheucheltem Interesse an. Zu Beginn schmunzelnd, später kopfschüttelnd: Wenn ihr keine anderen Sorgen habt, dann Glückwunsch! Was für lächerliche Problemchen. Gut als Partyplausch, aber zu wenig für einen ernsthaften Streit.

Bärbel und Bernd gehören eben zu den zwei Dritteln unserer Bevölkerung, bei denen allmorgendlich wegen dieser Kleinigkeiten der Haussegen schief hängt: Die meisten fühlen sich in der Partnerschaft durch nicht ordentlich weggeräumte Schmutzwäsche und Zahnpastatuben genervt.

Nur ein läppischer Streit – doch ein paar Wochen später war Bernd solo ...

Als wir da auf der Fete zusammenstanden, hatte einer von uns einen Rat für die beiden, der verblüffend einfach ist: »Kinder, gebt euch einen Ruck. Der eine schraubt die Tube zu, der andere schmeißt das Handtuch nicht in die Ecke. Und fertig ist die Laube.«

Befreites Lachen, nachdenkliches Nicken: »Klar, schon morgen früh denken wir dran.« Manchmal ist man eben so vernagelt, dass man auf die einfachsten Lösungen nicht von selber kommt ...

Wochen später traf ich Bernd beim Italiener – solo. Man hat sich getrennt, wenige Tage nur, nachdem sie die »Aktion sauberes Bad« in die Tat umgesetzt hatten.

Es gab nämlich viel wichtigere, tiefgreifendere Gründe, warum das Zusammenleben so nervig geworden war. »Irgendwie passten wir gar nicht richtig zusammen, unsere Interessen lagen meilenweit auseinander«, meinte Bernd achselzuckend. »Ich stelle mir unter Partnerschaft etwas grundlegend anderes vor als Bärbel.«

Der Streit um Handtuch und Zahnpasta diente letztlich nur als läppischer Hinweis, als Signal: Ich hab'da ein ernstes Problem mit dir, lass uns reden und nicht immer das strahlende Paar darstellen. »Aber wir hatten alle den Eindruck, als wärt ihr wirklich das ideale Paar«, entgegnete ich. »Ach, weißt du, das war offenbar nur Fassade, bei der ersten Erschütterung ist sie zusammengekracht.«

Nicht Tuben und Tücher waren ihr eigentliches Problem, bei Bärbel und Bernd hat viel Wichtigeres nicht gestimmt. Sie haben versucht, darüber zu reden, doch es ist beim Versuch geblieben. Statt sich mit dem Wichtigen auseinanderzusetzen, blieben sie beim Läppischen hängen ...

Vielleicht denken Sie auch mal darüber nach – bevor Sie morgens im Bad über ein feuchtes Handtuch stolpern.

Über die Zaungäste
der Katastrophen

Bilder, die wir nicht vergessen werden: berstende Dämme, reißendes Hochwasser in Städten und Dörfern. Die Frau, die auf einem Handwagen kaum mehr hinter sich herzieht, als ihre Mutter nach Kriegsende bei der Flucht auf einem ähnlichen Karren mitgebracht haben mag. Die Menschen in Brandenburg im verzweifelten Kampf gegen die Jahrtausendflut. Sie retten, was zu retten ist. Mit Sack und Pack, mit Kind und Kegel bringen sie sich in Sicherheit. Nachrichten, die anrühren. Nachrichten, die Mitgefühl und Bewunderung zugleich auslösen für Menschen, die mitten in Europa tapfer den Naturgewalten trotzen.

Und dann eine Meldung. Eine, die aufwühlte und empörte: Ein Autoverleih im Landkreis Märkisch-Oderland warb für die »Fahrten ins Oderbruch mit Besichtigung der Hochwasserschutzanlagen«. Und weil es ein ganz besonderes Angebot sein sollte, empfahl die Anzeige: »Wir fahren Sie mit einer gemütlichen Cadillac-Stretch-Limousine mit gefüllter Bar und Chauffeur. Der gemütliche Ausflug dauert inklusive Deichvisite fünf Stunden und kostet pro Person 120 Mark, Kinder und Gruppen erhalten Rabatte.«

Während Zehntausende Soldaten und freiwillige Helfer mit bloßen Händen um das Leben von Menschen und Tieren kämpften, rollte die Luxuslimousine mit kühlen Drinks an Bord zum Sightseeing an. Katastrophentourismus der Extraklasse. Was müssen das bloß für Menschen sein, die auf solche Ideen kommen ...

Als das verheerende Weihnachts-Hochwasser 1994 die Kölner Altstadt überflutete, mussten zusätzlich 450 Polizeibeamte eingesetzt werden, um Schaulustige zu vertreiben. Vor laufenden Kameras meinte damals ein Mann auf der schmalen Hohenzollernbrücke: »Für mich ist das heute der schönste Sonntagsausflug.« Wenige Meter entfernt versuchten verzweifelte Menschen, das Schlimmste zu verhindern. In Bonn forderten Politiker ein Gesetz, das solchen Katastrophen-Tourismus unter Strafe stellt. Wie weit sind wir gekommen, dass damals am Rhein und nun an der Oder Polizeigewalt hermuss, um die Sensationstouristen zu vertreiben?

Welch ein Widersinn: Da flüchten die einen mit Hab und Gut vor der nahenden Katastrophe, und die anderen pilgern mit Picknickkorb und Fotoapparat dorthin – wohl,

Das Unglück der anderen ist der Prüfstein für den eigenen Charakter.

weil ihnen die Fernsehbilder nicht reichen. »Live dabei, das ist der letzte Kick«, meinte ein junger Mann. Als sei das Drama von Ramtzdorf, Aurith und den anderen Dörfern ein Actionfilm in einer Hollywoodkulisse.

Feuerwehr und Rettungsdienste beklagen immer wieder, dass sie meist zwei Gegner bekämpfen müssten: das Unglück und die Gaffer. »Gucken wollen sie, aber nicht helfen«, sagte mir der Chef einer Polizeistation an der Autobahn resigniert. Auch in diesen Tagen, während die Reisewelle rollt, kann man die Meldungen wieder hören. Da verkündet der Verkehrsfunk im Halbstundentakt, dass die Staus der Gaffer auf der Gegenseite oft genauso lang sind wie die hinter einer Unfallstelle.

Bei der Flutkatastrophe an der Oder hatte ein lokaler Radiosender aufgerufen: »Legt die Picknickkörbe beiseite und packt mit an!« Was daraus wurde, ist bezeichnend. »Wir haben den Gaffern Spaten zum Sandschippen in die Hand gedrückt«, erzählt der Sprecher des Krisenstabs. Die hätten aber höchstens ein paar Minuten geschaufelt – und seien schließlich klammheimlich verschwunden. »Die kommen nie wieder«, hofft der Mann vom Krisenstab.

Das weise Wort scheint zu stimmen, dass das Unglück der anderen der Prüfstein für den eigenen Charakter ist.

Über die Feigen und die Gleichgültigen

»Warum hält denn keiner, warum hilft mir denn niemand ...?« Die weinende Frau stand an der Schnellstraße, die von Side nach Antalya führt.

Sie wiegte ihr kleines Mädchen in den Armen und schrie verzweifelt den vorbeirasenden Fahrzeugen hinterher.

Es war diese Szene, die mich in einem Bericht über ein Busunglück, bei dem vier Deutsche starben, am meisten erschüttert hat.

Denn das Mädchen, es hieß Anna-Luise und durfte nur drei Jahre alt werden, hätte vielleicht gerettet werden können.

Wenn eines der Autos auf dem Weg zum Flughafen angehalten hätte. Oder einer der Busse, in denen deutsche Urlauber saßen.

Nur ein einziger Tourist stoppte schließlich – doch der kam zu spät.

Allen anderen war der Flug von der Türkei zurück in die Heimat wichtiger als die Hilfe für ein schwerverletztes Kind.

Unglaublich viele schlagen heute einen weiten Bogen um das Elend.

Ihr Lebensmotto lautet: vom anderen nichts sehen, dem Nachbarn nicht zuhören, zur Not des Nächsten nichts sagen.

Wer doch hinsieht, tut das aus Gier. Aus Neugier.

Wird zum passiven Beobachter, der sich nicht einmischen will. »Die Leute helfen immer weniger, aber gaffen immer mehr«, sagt ein Polizei-Psychologe. Jeder vierte Verkehrstote könnte noch leben, hätte rechtzeitig jemand eingegriffen.

Der ADAC offenbart das unglaubliche Ausmaß mangelnder Hilfsbereitschaft durch ein Unfall-Szenario, am Straßenrand nachgestellt: umgestürzter Pkw, zwei Schwerverletzte, blutüberströmt. Von 69 Autos, die vorbeikommen, halten nur 14 an. Achtzig Prozent sehen einfach weg und fahren vorbei.

Hilfsbereitschaft, Nächstenliebe – beim Kult ums eigene Ich werden solche Begriffe zu Fremdwörtern.

Sie werden später zur Seite gewinkt und befragt – die Liste der Ausreden ist haarsträubend. Eine Frau sagt allen Ernstes: »Ich hatte gerade Tiefkühlkost gekauft und musste schnell heim.« Einen älteren Herrn bewegen andere Sorgen. »Wer hätte die Reinigung meiner blutbefleckten Kleider bezahlt, wenn ich geholfen hätte?«

Das sind die Feigen, die Bequemen.

Die Gleichgültigen sind kaum besser.

Die Gleichgültigen sind jene, die sich mitschuldig daran machen, dass es immer wieder Nachrichten gibt über Leute, die tagelang tot in ihrer Wohnung liegen, bis man sie endlich findet. Keiner hat sich um sie gekümmert, keiner nach ihnen gefragt – man hat sie schlichtweg übersehen.

Der Kult ums Ich lässt Begriffe wie Hilfsbereitschaft und Nächstenliebe zu Fremdwörtern werden. »Erst komme ich und dann lange nichts«, sagen die einen. Andere proklamieren den zynischen Spruch: »Wenn

jeder an sich selbst denkt, ist doch an alle gedacht.«
Der Mensch war immer schon egoistisch, natürlich.
Und der »barmherzige Samariter« aus der Bibel wird
wohl auch immer die Ausnahme bleiben. Aber man
muss feststellen: So massiv wie heute war die galoppie-
rende Ich-Sucht noch nie.

»Ein Tropfen Hilfe bedeutet mehr als ein Ozean voller Sympathie«, las ich neulich. Ich habe vergessen,
wer diesen bemerkenswerten Satz geschrieben hat.

Aber ich will mich daran erinnern, in diesem Sinn
zu handeln.

Über das Verschwinden des Dankes

Auf den meisten Kalendern ist er schon gar nicht mehr verzeichnet, der Erntedanktag. Da steht er nur als ganz gewöhnlicher Sonntag. Auch ich hätte ihn fast vergessen – wie wohl viele andere Stadtmenschen, die sich ihr Gemüse, ohne lange nachzudenken, im Supermarkt holen.

Früher, als Kinder, da sind wir schon Tage vor diesem Datum mit dem Handwagen von Haus zu Haus gezogen, um bei den Bauern und Hobbygärtnern anzuklopfen. Und zogen dann davon: mit riesigen Sonnenblumen, mit ein paar knallroten Äpfeln, dicken Kartoffeln oder prächtigen Kürbissen. Alles, um damit für den Erntedank-Gottesdienst den Altar in der Kirche zu schmücken.

Seit dem späten 18. Jahrhundert gibt es diesen besonderen Sonntag im Oktober. Ergreifend lesen sich die Berichte der Chronisten vom Erntedankfest 1817: Nach der großen Hungersnot in Europa, als es Lebensmittel nur noch zu Wucherpreisen gab, konnte endlich wieder reiche Ernte eingefahren werden. Mit der Aufschrift »Zur dankbaren Erinnerung der Güte Gottes« wurde extra eine Gedenkmünze geprägt.

Und heute? Viele scheinen zu glauben, das Brot käme vom Bäcker wie der Strom aus der Steckdose. Tiefkühlkost, Konservendose und das sortenreiche Angebot beim Gemüsehändler lassen vergessen, wie

132

viel Arbeit in der Landwirtschaft geleistet wird und wem wir es letztlich verdanken, dass in unseren Landen alles frisch auf den Tisch kommt.

In meiner westfälischen Heimat gab es an diesem Wochenende immer rauschende Feste. In Zelten, in Sälen ging es hoch her, hatte man doch die Ernte unter Dach und Fach und die schwerste Arbeit des Jahres hinter sich.

Doch auf einmal war auf den Plakaten, die diese Ereignisse ankündigten, nur noch vom »Erntefest« zu lesen – das Wörtchen »Dank« war gestrichen. Erst passte es wohl nicht mehr aufs Plakat, dann ging es nicht mehr über die Lippen, und heute ist es fast ein Fremdwort geworden. Kaum ein Wort hat es bei uns so schwer wie »danke«. Danken ist irgendwie out, hat keine Konjunktur, weil wir uns

Dank bewahrt in guten Tagen vor Übermut und in schweren vor Verzweiflung.

daran gewöhnt haben, alles wie selbstverständlich hinzunehmen. Ob einem die Mutter die Hemden bügelt, die Frau das Essen auf den Tisch stellt, die Kinder die Zeitung holen oder der Kollege die Tür aufhält.

Wer aber nicht mehr dankt, der bleibt im Ghetto seiner Ich-Bezogenheit. Er stellt sich in den Mittelpunkt und betet nur noch sich an. Undankbarkeit, so lehrt der jüdische Talmud, ist schlimmer als Diebstahl. Ich enthalte nämlich dem anderen die Anerkennung vor, die er verdient. Ich buche den Erfolg einfach aufs eigene Konto.

Danken heißt: an den denken, von dem ich etwas bekam, dem ich etwas verdanke. Wer dankt, blickt weg von sich und erkennt den anderen an. Ich kenne einen alten Pfarrer, der überreicht seiner Frau seit 51 Jahren jeden Samstag eine Rose:

»Danke, dass du da bist – dass du für mich da bist!« Danken wirkt Wunder. Die glücklichsten Menschen sind häufig nicht die, die am meisten besitzen. Es sind diejenigen, die am meisten danken. Für sie bekommt die Welt ein neues Gesicht. Sie registrieren auch die kleinen Aufmerksamkeiten und sind viel seltener enttäuscht.

Dank gehört zum Leben wie das Atmen. Dank bewahrt in guten Tagen vor Übermut, in schweren Tagen vor Verzweiflung. Kaum einer hat das so auf den Punkt gebracht wie Dietrich Bonhoeffer, kurz bevor er im April 1945 von den Nazis hingerichtet wurde: »Dankbarkeit sucht über die Gabe den Geber. So wird sie selbst zur Quelle der Liebe zu Gott und den Menschen. Wer dankend betet, vergisst zu klagen.«

Über die
Ehrlichkeit und das
Selbstverständliche

Um es gleich vorwegzunehmen: Die Menschen sind offenbar doch ehrlicher, als man allgemein befürchtet hat. Die Kollegen von »Reader's Digest« haben nämlich einen interessanten Test gemacht: Sie ließen absichtlich Geldbörsen auf Parkplätzen und Gehsteigen liegen, in Gaststätten und Supermärkten. In jedem der Portemonnaies steckten 50 Euro, Adressen und Familienfotos.

Dann warteten die Reporter auf die Reaktion der Finder – die Bilanz: Von 200 Geldbörsen wurden 115 abgegeben, also knapp 60 Prozent. Nach der Testauswertung stellte die »Digest«-Truppe fest: Die ehrlichen Finder waren ausgerechnet diejenigen, die das Geld selber am nötigsten gebraucht hätten.

Es gibt sie also. Die Ehrlichen. Die selbst in einer Notlage und dennoch (oder gerade deswegen!?) sagen: »Mir tut der Mensch leid, der das Geld verloren hat.« Weil sie sich vorstellen können, wie schmerzhaft solch ein Verlust ist.

Ein Frührentner aus Stuttgart, der die Arbeit aufgab, um seine krebskranke Frau zu pflegen, meinte nur: »Das Geld könnten wir sicher gebrauchen« – gab aber den Fund trotzdem an der Supermarktkasse ab.

So triumphierte die Ehrlichkeit über die schweren Zeiten, freuten sich die Tester. Und wir atmen erleichtert auf: Die Mehrheit unserer Mitmenschen ist also ehrlich. Sie tut das Richtige.

Doch je länger ich darüber nachdenke, desto schwerer fällt es mir, solch einen Test nur zu bejubeln. Genau überlegt, ist es doch ein Aberwitz: Wir feiern etwas als Sensation, was völlig selbstverständlich ist für eine zivilisierte Gesellschaft. Wie stark müssen unsere Maßstäbe aus den Fugen geraten sein, dass wir 60 Prozent korrekt handelnde Leute wie ein neuentdecktes Weltwunder bestaunen? Da wird ein Experiment gemacht und von verblüfften Reportern weltweit publiziert: Wer eine Geldbörse verliert, bekommt sie auch wieder zurück. Total normal. Wo liegt da denn eigentlich der Nachrichtenwert?

Werte wollen nicht als Worte erfahren werden, sondern als Beispiel.

Eine der Finderinnen reduzierte ihr Verhalten auf den Punkt des ganz Normalen: »Die Höhe des Geldbetrags spielt keine Rolle. Selbstverständlich gebe ich zurück, was mir nicht gehört.« Selbstverständlich. Weil es sich von selbst versteht.

Wer so ehrlich ist, verbucht für sich dabei nicht nur den moralischen Vorteil. Er kommt auch leichter durchs Leben. Denn einer der »unehrlichen Finder«, vom Reporter immer wieder nach dem Verbleib der Börse gefragt, verstrickte sich schließlich in ein regelrechtes Lügengewirr. Lediglich »einen Regenschirm« wollte der Mann gefunden haben, »wirklich nur einen Schirm«. Und wurde bei jeder Frage erneut unangenehm an seine Tat erinnert ...

Der Umgang mit fremdem Eigentum, der Unterschied von Dein und Mein, muss lohnendes Erziehungsziel bleiben. Eine Mutter meinte nach dem Geldbörsen-Fund: »Meine Eltern waren grundehrliche Leute, und ich versuche, meine drei Kinder genauso zu erziehen.« Werte wollen nämlich nicht als Worte erfahren werden, sondern als Beispiel. Das färbt ab, wie man so schön sagt.

Auf den Punkt gebracht hat es ein Afrikaner: »Ich bin Christ«, lautete seine lapidare Begründung, als er das gefundene Geld ohne zu zögern abgab.

Der alte Martin Luther ist also auch nach fast fünf Jahrhunderten noch ganz aktuell: »Du sollst deines Nächsten Geld oder Gut nicht nehmen, sondern ihm sein Gut helfen bessern und behüten.«

Über schöne Abende
und öde Videos

Es sollte ein schöner Abend werden. Wir saßen in der gemütlichen Wohnküche, auf dem Tisch schwäbische Spezialitäten, wie sie nur unsere Gastgeberin Marina zuzubereiten versteht. Dazu einen guten Roten im Glas. Die Runde, die sich nur selten traf, hatte sich wahnsinnig viel zu erzählen. Und die Zeit, hier stimmt der Vergleich einmal, verging tatsächlich »wie im Fluge«.

Urgemütlich war's, bis plötzlich Gastgeber Uwe ans Glas klopfte und verkündete, er habe jetzt noch eine besondere Überraschung für uns, dazu müssten wir allerdings ins Wohnzimmer wechseln.

Meine optimistische Hoffnung auf einen Wein der Extraklasse wurde schnell zerstört. Statt die Runde am Wohnzimmertisch fortzusetzen, mussten wir uns mit starrem Blick aufs großformatige TV-Gerät ausrichten. »Wir wollen euch doch noch unser Urlaubsvideo von den Malediven zeigen«, meinten unsere Freunde mit einem Unterton, als packten sie für uns jetzt das größte Geschenk unseres Lebens aus. Es dauere sechzig Minuten – aber die würden sich lohnen, versprachen die beiden treuherzig.

Die angeregten Gespräche verstummten – und die Stunde kam nicht nur mir viel länger vor. Unbarmherzig lief der Film; wer wach blieb, sah immer neue Variationen von blauem Himmel und weißem Sandstrand, weißem Sandstrand und blauem Himmel. Ähnlich abwechslungsreich auch die Perspektiven: Marina vor den Hütten der Eingeborenen, Marina beim Einsteigen ins Glasbodenboot, Marina an den Klippen. Vielleicht stand da auch mal der Uwe – egal, jedenfalls war es ätzend langweilig.

Ich dachte, die unseligen Dia-Abende früherer Jahre wären an ihrer unheilbaren Ödnis eingegangen. Jetzt musste ich leider Zeuge werden, wie sie, in moderner Form, wiederauferstanden ...

» Wer filmt, hat mehr vom Urlaub«, sagen Psychologen. Aber was ist mit denen, die sich das alles ansehen müssen ...?

Zu allem Überfluss bekamen unsere Gastgeber einige Tage später auch noch von kompetenter Stelle Unterstützung. Psychologen der Universität Köln haben nämlich wissenschaftlich bewiesen: Wer knipst oder filmt, hat mehr vom Urlaub. Hobbyfotografen und Amateurfilmer, so erforschten es die Experten, verarbeiteten ihre Ferien besser und könnten sich Jahre später noch an jede Einzelheit erinnern.

Wer mit der Kamera bewaffnet in den Urlaub fährt, hat ein Auge mehr dabei. Er beobachtet aufmerksamer und intensiver. Da wartet man schon mal geduldig auf einen tollen Sonnenuntergang, während man sonst vielleicht achtlos und eilig ins Hotel gegangen wäre. Steht im ersten Teil der Untersuchung. Man mag das glauben, ich tu's nicht.

Teil zwei allerdings findet in mir einen überzeugten Verfechter: Wer, so urteilen die Experten weiter, Bekannte zum Dia- oder Filmabend einlädt, für den wird der eigene Urlaub zwar wieder lebendig, für die Übrigen sind solche Vorführungen kaum spannender als die Bilanzberichte der kirgisischen Brandschutzkasse.

So weit, so fade. Für solche Erkenntnisse brauche ich allerdings keine aufwendigen Untersuchungen. Das sagt einem schon die Erfahrung, ich hatte es ja gerade selbst erlitten.

Nur einen Tipp der Kölner Psychologen will ich gern an Uwe und Marina weitergeben. Man möge, heißt es in dem mehrseitigen Papier, auch »Momente der eigenen unspektakulären Wirklichkeit ablichten – zum Beispiel die Koch-Orgie bei Freunden«.

Prima Vorschlag, machen wir. Und gucken uns dann das nächste Mal den Monumentalfilm »Das große Maultaschen-Massaker« an. Denn da hat jeder was davon – und nicht nur die beiden Malediven-Insulaner ...

Über die Freundschaft,
die zur Ware wird

Es gibt Filme, die werden niemals alt, die bringen bei jeder Wiederholung neue Quoten. Und wenn »Die drei von der Tankstelle« ihren Titelsong schmettern, summen wir mit voller Überzeugung mit: »Ein Freund, ein guter Freund, das ist das Beste, was es gibt auf der Welt!« Bloße Idylle einer längst vergangenen Zeit? Oder doch Ausdruck einer Sehnsucht, die keineswegs überholt ist?

Längst sorgen Agenturen dafür, dass »das Beste« gegen klingende Münze gekauft werden kann. »Rent A Friend« heißen solche Kontaktbörsen, »Meet You« oder »Freizeit For Two«. Wer eine Begleiterin ins Theater oder einen Kumpel für die zünftige Bergwanderung sucht, ist hier an der richtigen Adresse. Gegen einen Mitgliedsbeitrag kann man über die Angebotspalette dieser Freundschaftsdienste verfügen. Der attraktive Begleiter für eine Hochzeitsfeier (»damit die Freundinnen vor Neid erblassen«) wird genauso geliefert wie der Partner zum Schach oder schlicht zum belanglosen Talk bei Häppchen und Prosecco. Wenn das Spiel beendet und die Weinflasche leer ist, geht jeder wieder seiner Wege. Aus den Augen, aus dem Sinn.

Freundschaft stundenweise wird auf Hochglanzprospekten angeboten. »Wir laden zu einem persönlichen Gespräch ein. Auch um zu sehen, ob nicht ein abstoßendes Äußeres vorliegt«, erklärt eine Partneragentur die Zusammenstellung ihres Katalogs. Der Mensch wird taxiert, bevor er auf den Markt kommt. Und das Angebot bleibt unverbindlich. Wer bei »Rent A Friend« einen Freund mietet, will kein Risiko eingehen. Will Geld investieren, aber keine Gefühle. Will die Nähe suchen, aber letztlich auf Distanz bleiben. Ein paar nette Stunden, die außer Gebühren nichts kosten – aber auch nichts bringen. Für kurze Zeit raus aus der Einsamkeit, um anschließend dorthin wieder zurückzukehren.

»Freundschaft stundenweise« – die Zukunft der Beziehungs-Welt?

Ein (zufriedener?) Kunde solch einer Agentur beschreibt seine Kontakte als »nett, belanglos, unterhaltsam und konfliktfrei«. Doch das Leben ist nicht immer nett und konfliktfrei. Die Schönwetter-Freundschaft mit Sonntagsgesicht kann darüber nicht hinwegtäuschen. Echte Freundschaft beweist sich nämlich gerade dort, wo es mir schlechtgeht. Da hilft eben keine Fastfood-Freundschaft, die bloß den Erlebnishunger stillt. Da brauche ich Menschen, die zu mir halten.

Ich möchte auf meine Freunde nicht verzichten. Sicher, sie kommen nicht auf Knopfdruck oder gegen Barzahlung. Aber sie sind da, wenn ich sie brauche. Vor ihnen kann ich laut denken, aber auch schweigen. Ich muss mich vor ihnen nicht beweisen, ich kann sein, wie ich bin. Ich kann mit ihnen eine ganze Nacht durchquatschen und auch morgen noch mit ihnen rechnen – und nicht nur so lange, bis der Mietpreis abgelaufen ist.

Wie arm wäre mein Leben ohne Freundschaft! Was nützt mir das schönste Erlebnis, wenn ich niemanden hätte, dem ich es erzählen kann? Ich bin dankbar für Menschen, denen ich etwas anvertrauen kann, weil ich ihnen vertraue. Auf die Verlass ist, weil sie mich in schweren Tagen nicht verlassen.

Das alles kann man weder kaufen noch mieten: Wer Freundschaft konsumiert, pervertiert sie. Er bekommt vielleicht Unterhaltung, aber keinen Tiefgang.

Wenn man dem Erfolg der Agenturen glaubt, so scheint eins der wertvollsten Geschenke im Leben käuflich geworden zu sein: Freundschaft.

In Wahrheit ist es jedoch ein Ausverkauf. Ein solcher Freundschaftsdienst leert den Geldbeutel, ohne das Herz zu füllen.

Für Krisenzeiten ist das keine feste Währung.

Über eine Lektion im Gartenlokal

Die letzte Urlaubswoche an der Nordseeküste: Es herrschten Temperaturen wie auf den Kanaren – zu heiß für die geplante Radtour, gerade richtig für Föhrer Friesentorte und Eiskaffee im Gartenlokal. Fast alle Tische waren besetzt: Eltern mit Kindern, ein paar ältere Kurgäste mit Hund. Zwei teuer gestylte Damen, vorgefahren im Cabrio, dazu Rucksacktouristen im T-Shirt.

Dann sehe ich sie von der Gartenpforte direkt auf die beiden letzten freien Tische zusteuern: eine Gruppe junger Leute, geistig und körperlich behindert. Sechs Jugendliche mit ihren Betreuern.

Man hat in solch einer Situation leider immer ein ungutes Gefühl. Weil man sich der eigenen Reaktion nicht sicher ist – und auch nicht ahnt, wie die anderen um einen herum sich verhalten.

Beschweren sich die beiden »Chanel«-Ladys vom Nebentisch gleich beim Kellner, weil ihnen ein solcher Anblick nicht passt?

Erinnern sie sich der Prozesse, die in Deutschland schon angestrengt wurden, nachdem sich Nichtbehinderte darüber beklagt hatten, dass Behinderte mit ihnen gemeinsam in derselben Ferienanlage den Urlaub verbrachten?

Ermahnt die junge Mutter ihre vor Gesundheit strotzenden Kinder, »da nicht so auffällig hinzustarren« – um schließlich zu zahlen, aufzustehen, zu gehen? Und der Kellner? Komplimentiert er die Neuankömmlinge dezent ins dunkle Innere des Lokals? Dorthin, wo niemand an ihrem Anblick Anstoß nehmen kann?

Ich sehe Peinlichkeit heraufziehen wie Gewitterwolken. Und weiß selbst auch nicht so recht, ob ich nicht lieber schnell das Geld auf den Tisch legen und mich unauffällig verdrücken soll. Es ist ja ohnehin Zeit, den Heimweg anzutreten ...

Dann entwickelt sich alles ganz anders, unerwartet anders. Sicher, die anderen Gäste schauen kurz zu den Behinderten hin, deren Betreuer Platz für die Rollstühle schaffen. Ein kleines Mädchen fragt die Mutter, was mit denen denn los sei.

Plötzlich kommt eine Gruppe Behinderter ins Lokal. Wie werden wir, die »Gesunden« reagieren ...?

Und plötzlich kommt Bewegung in den sommerlich trägen Kaffeegarten: Das Ehepaar lässt die Kinder toben und hilft, die freien Tische zusammenrücken. Für einen behinderten Jungen, der seinen Kopf nicht ruhig halten kann, wird extra ein Stuhl mit Lehne herbeigeschafft.

Als alle sitzen, kommt der Kellner, nimmt die Bestellungen auf. Geduldig, freundlich – wie es seine Aufgabe ist.

Als ich bemerke, dass die Gruppe der stechenden Sonne ausgeliefert ist, weil alle anderen unter schattenspendenden Bäumen und Schirmen Schutz gefunden haben, steht bereits ein älterer Herr auf, rollt seinen großen gelben Sonnenschirm an den Tisch der jungen Leute.

Und die eleganten Damen von nebenan rücken den ihren gleich dazu.

Das alles geschieht ohne bemühte Übertreibung, ohne den Eindruck krampfhafter Hilfsbereitschaft. Man tut, was irgendwie selbstverständlich ist. Die Behindertengruppe gehört jetzt zur großen Gesellschaft im Kaffeegarten dazu, ohne dass man das hochtrabende Wort »integriert« bemühen müsste. Dieser Nachmittag enthielt eine positive Lektion. Dennoch steht am Ende dieser Lektion die Frage, warum wir nicht immer so handeln.

Und wie wir wohl solchen Mitmenschen begegnen werden, wenn wir nicht in sonniger Urlaubsstimmung sind, sondern genervt vom grauen Alltag.

Über schützende Engel und geöffnete Augen

Es war eine unter ein paar hundert Meldungen, die auf meinem Tisch landeten. Sie trug die fortlaufende Nummer 0457, wurde von der Deutschen Presseagentur verbreitet und las sich nicht so, als würde sie die Welt verändern.

Drei Mädchen aus Tschechien, so stand da, seien beim Spielen auf den Bahngleisen von einem Zug erfasst worden. Und dabei nur so leicht verletzt worden, dass sie noch nicht einmal zum Arzt mussten.

Worüber ich gestolpert bin, war die Überschrift. »Spielende Mädchen hatten einen Schutzengel«, schrieb der Kollege der Agentur darüber. Nicht »Riesenglück« oder »Verrückter Zufall« – nein, von schützenden Engeln war die Rede.

Passt das überhaupt noch in unsere Zeit, die doch alles rational zu erklären versucht? In der in solchen Fällen der Luftdruck des Zuges für das »Wunder« verantwortlich gemacht wird.

Aber Schutzengel?

Sicher, man sagt das oft schnell dahin, wenn sich jemand, von dem man weiß, dass er gern rast, hinters Steuer setzt: »Hoffentlich steigt dein Schutzengel nicht aus!« Eine Floskel, weil man wohl nie sagen würde: »Gott halte seine schützende Hand über dich!«

Ich denke an den Bekannten, der aus der Kirche ausgetreten war, weil er über den qualvollen Krebstod seiner Freundin nicht hinwegkam. »Wo war denn dein Gott, als Bettina vor Schmerzen schrie?«, lautete immer wieder seine bohrende Frage. »Soll das ein Gott der Liebe sein, der die Menschen so elend krepieren lässt?« Für ihn war die Sache mit Gott erledigt, er wollte künftig nur noch das glauben, was er auch sehen kann ...

Nur zu glauben, was man sieht, ist kein Gütesiegel des menschlichen Verstandes.

Er meinte, nun mit beiden Beinen fest auf dem Boden der Realitäten zu stehen – eine regennasse Autobahn brachte diesen Glauben ins Schleudern. Nach einem Wolkenbruch hatte sich sein Wagen mit rasender Geschwindigkeit dreimal um die eigene Achse gedreht. Schließlich blieb er stehen, in Fahrtrichtung sogar: keine Schramme, kein Kratzer für Mensch und Fahrzeug.

Der Freund sprach, als er davon berichtete, nicht vom fahrerischen Können, das half, das Schlimmste zu verhindern. »Ich hatte einen Schutzengel, das weiß ich genau«, lautete plötzlich seine felsenfeste Erklärung.

Hatte er nicht sonst gegrinst, wie man im ausgehenden 20. Jahrhundert noch an diese »metaphysischen Fledermäuse« glauben könne? Plötzlich waren Engel für ihn keine pausbäckigen Putten aus dem himmlischen Kindergarten mehr, keine geflügelten Rauschgoldfiguren mit niedlichen Lockenköpfchen. Engel waren weder kitschig noch sentimental, sie waren real geworden.

Er hatte Ähnliches erfahren wie der alte Mann, der mir Jahre zuvor erzählte, wie er das KZ Bergen-Belsen überstanden hatte. Dort hätten sich die Gefangenen mit einer Motette des Komponisten Felix Mendelssohn-Bartholdy getröstet, der einen alten Psalm in neue Töne gesetzt hat: »Gott hat seinen Engeln befohlen, dass sie dich behüten auf allen deinen Wegen.« Ihm seien schließlich die Engländer wie Engel vorgekommen, als sie die letzten Überlebenden des KZs befreiten.

Engel in Menschengestalt, die zur richtigen Zeit am richtigen Ort sind – »solche Menschen gibt es bis heute«, sagte mir der Mann voller Gewissheit und schenkte mir eine Karte mit dem Psalm, die heute an der Wand meines Büros hängt.

Denn es ist kein Gütesiegel des menschlichen Verstandes, »nur zu glauben, was man sieht«.

Wer nach dieser Devise lebt und leugnet – der macht vielleicht nur seine Augen nicht weit genug auf ...

Über Dianas Vermächtnis – und das, was uns keiner nehmen kann

Ich kannte sie nicht persönlich, natürlich nicht. Und hatte doch das Gefühl, ihr so nahe zu sein wie einem Freund, teilzuhaben an ihrem Leben. Von dem Tag an, an dem dieses Leben öffentlich wurde. Und Märchengestalt annahm – wie ein wirkliches Leben nur einem Märchen gleichen kann.

Die Nähe zu ihr – ich teilte sie mit Millionen anonymer Menschen, mit Milliarden vielleicht. In der ganzen Welt.

Und als sich die Meldung von Dianas Tod herumsprach, teilte ich mit diesen Menschen die Bestürzung, das Entsetzen, die Fassungslosigkeit. Gefühle, die in den Tagen danach der Trauer gewichen sind. Es sollte eine Trauer werden, die lange kein Ende fand.

Es gibt sie, diese Art von Trauer, die weit über den körperlichen Tod und weit über ein irdisches Begräbniszeremoniell hinausgeht.

Wenn sie einem Menschen gilt, den wir nie berührt haben, mit dem wir nie ein Wort wechseln, nie einen Gedanken austauschen konnten, dann muss dies ein ganz besonderer Mensch gewesen sein. Ein Mensch wie Diana.

Marilyn Monroe fällt mir noch ein, John Lennon. Und John F. Kennedy – bei seiner Ermordung war es ähnlich.

Persönlichkeiten, von denen man geprägt wird. Denen man sich nicht entzieht, niemals. Deren Worte man liest, deren Bilder man betrachtet. Mit freundschaftlicher Neugier. Mit Anteilnahme. Mit Freude, weil sie auf diesem Foto, in dieser Szene so glücklich wirken und so strahlend.

Oder man empfindet Mitgefühl, wenn man sieht: Es geht diesem Menschen nicht gut, er hat Kummer wie wir, er macht sich Sorgen.

Ein Mensch wie Diana.

Wir sprechen dann vom »Mythos«, zu dem sich solch ein Mensch gewandelt hat. Und lesen im »Brockhaus« eine gewundene Definition, nach der dieses griechische Wort für eine »Verklärung von Personen zu einem Faszinosum von bildhaftem Symbolcharakter« steht.

Diana: War sie für uns Mythos oder Symbol?

Ein Symbol.

Ja, das war sie.

Symbol für das Glück, das wir ihr gönnten, als der Prinz die blonde Kindergärtnerin in der goldenen Kutsche zum Altar fuhr. Schließlich Symbol für das Leid, das wir mit ihr teilten, als sich herausstellte, wie schnell das Gold von diesem Glück abblätterte.

Ein Symbol auch für den Glamour, der sie umgab. Überall, wo sie erschien: in den Palästen der Reichen, in den Hütten der Armen. Nur war es nie die Art von poliertem Glamour, der bei den Reichen protzt und die Armen beschämt, sondern eine Ausstrahlung, die wärmte. Weil sie von innen heraus kam. Ohne Berechnung war und ohne Falschheit.

Das ist es, was wir, die anonymen Bewunderer, von

ihr wissen können. Das ist es, was sie uns gegeben hat. Und womit sie auch uns ein kleines bisschen reicher gemacht hat.

Ein Mensch wie Diana.

Wir haben Grund, trauriger zu sein als sonst, auch nachdenklicher. Wirklich ärmer, wie häufig zu lesen war, sind wir nicht. Denn was wir von ihr bekommen haben, das nimmt uns keiner mehr.

Und was von ihr in unseren Herzen bleibt, wird dort lange bleiben. Viel länger, als ihr Leben auf dieser Erde dauern durfte.

Über Windmaschinen der Wohltätigkeit

Auch das waren Bilder, die um die Welt gingen: die Geschütz-Lafette der Armee, die Soldaten mit dem Sarg, die Flaggen und Hymnen. Doch wirkten diese Bilder so, als habe die Welt vergessen, wen man da eigentlich zu Grabe trug. Eine Frau nämlich, deren Bild kein strahlend gekröntes Haupt zeigt, sondern ein faltiges Gesicht, umrahmt von einem weißen Sari mit blauem Rand: Mutter Teresa.

Ihr wäre das Staatsbegräbnis der indischen Regierung und der Streit, ob man sie selig- oder heiligsprechen sollte, wohl zuwider gewesen. Mutter Teresa hat im Stillen gewirkt. Im Vordergrund stand der Nächste, im Hintergrund sie selbst. Ihr bedingungsloser Einsatz für die Ärmsten der Armen war echtes Opfer, dem jeder äußere Pomp widersprach. Leben und Lehre, Worte und Taten stimmten bei ihr überein. Eine Frau wie aus dem Buch der Bücher.

Und dennoch hat sich die indische Führung über die Wünsche ihrer Mitschwestern hinweggesetzt und ein Staatsbegräbnis veranstaltet, wie es Neu-Delhi zuletzt bei den Präsidenten Gandhi und Nehru erlebte.

Es scheint, als könne man sich heute nicht mehr vorstellen, dass es Selbstlosigkeit auch jenseits von Scheinwerfern und dass es Caritas ohne Kameras gibt, und dass ein Dienst in Demut letztlich im Stillen geschieht.

Es ist bei uns chic geworden, sich als guter Mensch feiern zu lassen. Fast schon ein Spiel der Gesellschaft, die sich gern die »bessere« nennen lässt: Tue Gutes und rede darüber. Showstars und Kinohelden, Politiker und Wirtschaftsbosse drängen sich ergriffen und lautstark vor die Mikrofone, um sich gegenseitig in ihrer Humanität zu übertreffen. Als gelte es, ins Buch der Rekorde aufgenommen zu werden.

Wo gibt es das heute noch: Caritas ohne Kameras ...? Da heiligt der Zweck auch die eitelsten Mittel, wenn sich zum Beispiel ein Modeschöpfer im Pelz öffentlichkeitswirksam bei Obdachlosen unter der Brücke sehen lässt. Und beim Champagner lässt sich's trefflich über das Elend in der Dritten Welt diskutieren, wenn man sich am nächsten Tag in der Klatschspalte wiederfindet.

Ich kann mich kaum erinnern, wann ich das letzte Mal zu einem Gala-Abend gebeten war, der ohne »Motto« auskam, der nicht im Zeichen irgendeiner gerade neugegründeten Hilfsaktion stand. Unzählige Einladungen – vom Feuerwehrfest bis zur Promi-Party – haben dieses caritative Alibi. So, als traute man sich nicht mehr, um des Feierns willen zu feiern, hetzt man von Benefiz zu Benefiz.

Es werden immer mehr, die die Windmaschinen der Wohltätigkeit nur zur eigenen Selbstdarstellung anwerfen. Sie futtern auf Galadinners für Hungernde und tanzen bis in den frühen Morgen gegen die Not dieser Welt. Als feiere man bei so viel Nächstenliebe mit besserem Gewissen.

Helfen als Hobby ist der neue Sport der Society. Gutes tun wird zur Öffentlichkeitsarbeit fürs eigene

Image, zur PR für sich selbst. Der Ego-Trip macht auch vor der Nächstenliebe nicht halt.

Mutter Teresa würde es zumindest eitel nennen, sich nur deshalb feiern zu lassen und dauernd zu feiern, weil man tut, was selbstverständlich sein sollte: auch mal etwas für andere zu tun. Sie begann übrigens ihr hartes Tagewerk, wenn die Wohltätigkeits-Zecher ins Bett sinken: um vier Uhr in der Früh.

Diese Frau ist ein Vorbild für die vielen Millionen, die allein in Deutschland jährlich vier Milliarden Mark spenden, unerwähnt und ungeehrt. Leute, die oft von ihrem Wenigen viel geben. Deren Namen man nirgendwo liest, deren Bilder nie in Hochglanz erscheinen. Sie machen nämlich viel mehr als bloße Schlagzeilen: Sie hinterlassen Spuren. Spuren selbstloser Menschlichkeit in einer Welt, die sich selbst bei der Selbstlosigkeit noch um die Sonne des eigenen Ichs dreht.

4
Über Vorbilder & Zerrbilder

Über die Massenflucht
vor den Weihnachtstagen

Käme in diesen Tagen ein Gast von einem anderen
Stern zu uns, er müsste den Eindruck gewinnen, als
stünde unserem Land etwas ganz Schreckliches bevor.
Die Sintflut zum Beispiel, mindestens aber eine große
Dürre. Denn wer sich in Reisebüros umhört, auf den
Flughäfen umsieht, muss glauben, dass bei uns gerade
eine Massenflucht vorbereitet wird.

Die Flucht vor Weihnachten, vor den Feiertagen.

Das Rot, mit dem diese Tage auf unseren Kalendern
eingefärbt sind, scheint auf viele eine Signalwirkung
auszuüben: Los, Mensch, pack die Koffer! Nix wie
weg von hier – und dahin, wo keine Glocken klingen,
sondern höchstens die Eiswürfel im Cocktailglas klirren ...

Eine Münchner Illustrierte hat die »total ausge-
buchten Flüge zwischen dem 20. Dezember und 6. Januar« aufgelistet.

München-Miami lag an der Spitze, vor Frankfurt-
Sydney, Frankfurt-Delhi und Frankfurt-Caracas. Auch
die Karibik, die Kanaren, die Kapverden – alles dicht.
Wer noch ein paar Euro lockermachen und noch eine
dieser berühmten »Urlaubsbrücken« bauen kann, hat
die Badehose schon eingepackt.

Ein befreundetes Ehepaar sagte mir, bevor es sich
mit den drei Kindern zum Flughafen verabschiedete:
»Auf Teneriffa sind wir wenigstens sicher vor Tannen-

baum, Zimtsternen und Gänsebraten. Auf den ganzen Rummel hier können wir leichten Herzens verzichten.«

Ich habe nicht gefragt, was ihre Kinder davon halten, ob nicht wenigstens sie sich den »ganzen Rummel« mit geschmücktem Christbaum, Gabentisch und Krippenspiel gewünscht hätten – statt im Touristenhotel am 24. 12. ein paar Weihnachtslieder vom Kassettenrekorder vorgespielt zu bekommen.

Aber die Eltern, doch, die kann ich schon ein wenig verstehen. Vergangenes Jahr hatten sie mir noch stolz berichtet, wie sie es wieder hinbekommen hätten, sich die Feiertage so aufzuteilen, dass sie die ganze Verwandtschaft unter einen Hut bekommen konnten. Was alles ge-

Nix wie weg – dahin, wo keine Glocken klingen, sondern höchstens Eiswürfel im Cocktailglas klirren …

kocht, gebraten und gebacken wurde, wie viele Menschen man während der Feiertage bewirtet hatte. Doch schon seinerzeit klang neben dem ganzen Stolz eine ordentliche Portion Gereiztheit durch.

Und jetzt reihte sich auch diese Familie in die wachsende Schar derer ein, die nicht »Stille Nacht« singen wollen, sondern im Chor »ohne mich!« rufen. Weil sie sich Stimmung nicht verordnen lassen möchten und das aufgezwungene Festtagsritual schlichtweg nervt.

Eltern mit Kindern gehören längst ebenso dazu wie Alleinstehende, denen natürlich in dieser Zeit ihr sonst so gepflegtes Solisten-Leben als deprimierende Einsamkeit vorkommt.

Ich freue mich auf Weihnachten und den Besuch

zu Hause. Das ist meine Sache und bleibt meine Entscheidung. Aber ich halte es für fatal, daraus ein allgemeines Gesetz zu machen. Keiner soll dem anderen vorschreiben, was »man« an Weihnachten zu tun und zu lassen hat.

Soll jeder Heiligabend dort verbringen, wo er sich am wohlsten fühlt.

Aber vielleicht legen die emsigen Animateure im Clubhotel an diesem Abend ja mal eine kurze Programmpause ein. Damit die sonnenverbrannten Weihnachtsflüchtlinge für einen Augenblick daran denken können, was geschehen ist. Damals, vor fast 2000 Jahren, im Stall von Bethlehem, als Gott Mensch wurde.

Über Bräuche,
die wir brauchen

Es sollte richtig zur Sache gehen in dieser Fernsehtalk-
show. »Advents- und Weihnachtsbräuche« hieß das
Thema, und die Redaktion hatte fünf Gäste eingela-
den: eine Rocksängerin, einen Schriftsteller, einen
Discjockey, eine Dame, deren Gesicht mir aus verschiedenen Vorabendserien wohlbekannt war. Und
mich. Ich sollte wohl der Einzige sein, so hatte es sich
die Redaktion gedacht, der diese Bräuche engagiert
verteidigt. Sich einsetzt für den Kranz, die Kerzen, den
geschmückten Tannenbaum und für die Geschenke,
die man in dieser Zeit denen macht, die einem wichtig
sind.

Die anderen Gäste, die vermeintlich Modernen, die
Kritischen und Aufgeklärten, waren dafür engagiert,
sich lustig zu machen über all das. Zu sagen, wie
überflüssig das alles sei in unseren Zeiten, in denen auf
der ganzen Welt Elend herrscht. Und Hunger und
Leid. Sollten sich darüber empören, wie man unter
diesen Umständen unbeschwert feiern könne. Wie
eine Kerze anzünden, eine Gans zubereiten, ein Fest
feiern.

»Es darf ruhig kontrovers sein, das hält die Zuschauer am Bildschirm«, feuerte uns der Moderator im Vor-
gespräch an.

Wir müssen ihn in den folgenden neunzig Minuten alle irgendwie furchtbar enttäuscht haben: Die

Rocksängerin, der Schriftsteller, der Discjockey, die Schauspielerin und ich – wir fanden uns friedlich und harmonisch unter Adventskranz und Tannenbaum, bei Punsch und Selbstgebackenem wieder.

»Irgendwie«, sagte der jugendlich gestylte Plattenaufleger und wirkte dabei ein wenig, als wollte er sich für seine Meinung entschuldigen, »irgendwie gehört das doch dazu.«

Und die fortschrittliche Dame von der vorabendlichen Serienunterhaltung, von der ich es eigentlich am wenigsten erwartet hatte, sprang ihm bei, wo es keiner Unterstützung bedurft hätte: »Auf meinen Adventskranz will ich nicht verzichten, und die Kinder sind noch immer ganz wild darauf, jeden Tag ein Türchen am Adventskalender zu öffnen.«

Schön, dass es noch Dinge gibt, über die sich alle Menschen einig sein können. Einfach so.

Nach der Sendung – wir saßen noch zusammen – brachte die Sängerin auf den Punkt, was diesen Talkshow-Streit so überflüssig gemacht hätte: »Es ist doch schön, dass es Dinge gibt, über die sich alle Menschen einfach einig sein können. Es ist Vorweihnachtszeit. Und wir dürfen uns darauf freuen.«

Irgendwann, viel später, hat dann einer aus der Runde noch das Wort an mich gerichtet und gefragt: »Was bedeutet eigentlich ›Advent‹ – und wer hat den Brauch mit dem Adventskranz eingeführt?«

Ganz ehrlich, hätten Sie es denn gewusst?

Mein Lexikon gab überraschende Auskunft: Der Adventskranz ist jünger, als wir denken. 1839 hat ihn Johann Hinrich Wichern, der evangelische Sozialreformer aus Hamburg, in seiner Wohngemeinschaft für gefährdete Jugendliche das erste Mal aufgehängt. So groß wie ein Wagenrad war er damals und bestückt mit 24 Kerzen. Jede einzelne davon, so erklärte Wichern den jungen Leuten, sollte auf das Ereignis von Bethlehem hinweisen, auf die Geburt Jesu Christi, den die Bibel das »Licht der Welt« nennt. Und daher kommt auch der Name Advent, der lateinische Begriff für Ankunft.

Irgendwie, das war in dieser so unterschiedlich zusammengesetzten Talkrunde ganz deutlich zu spüren, werden wir alle von der Ausstrahlung dieser Zeit angesteckt.

Auch diejenigen, die unter ihren Glauben längst einen Schlussstrich gezogen haben.

Über junge Nachahmer und alte Vorbilder

Wir sprachen natürlich über ihren Sohn, das tun wir nämlich immer, wenn ich meine Nachbarn treffe. Der Sohn ist nicht unbedingt ein Prachtexemplar – und diese Tatsache bildet die Grundlage für nicht enden wollendes Lamentieren seiner Eltern.

So auch diesmal. Ich hatte lediglich ein paar ausgeliehene Bücher zurückgebracht, doch dann gab's erst Kaffee – und wer nicht sofort nein sagt, den bestraft der Nachbar. Mit der bekannten Litanei: »Unser Junge«, fing der Vater an, »benimmt sich in letzter Zeit ganz besonders ungezogen.«

»Ein paar Dinger« hat der sich wieder geleistet, also »schlichtweg verantwortungslos«. »Stinkend faul«, fiel ihm dann noch zu den schulischen Leistungen des 16-Jährigen ein – da unterbrach ihn die Mutter des Prachtkerls. Sie wusste zu beklagen, dass er »unheimlich verwöhnt« und wählerisch sei. »Sie glauben ja gar nicht, welche Wünsche die Kinder heutzutage haben. Die tragen nur Marken-Jeans und teure Turnschuhe. Was das für ein Heidengeld kostet, ist denen doch vollkommen egal.«

Wie zur Illustration der Klagen öffnete sich die Tür. Mit einem dahingebrummelten »'n Abend!« schlappte das Objekt der elterlichen Klagen ins Wohnzimmer. Griff ohne weitere Worte ein Stück Kuchen, schlurfte wieder hinaus und schmetterte die Glastür ins Schloss.

»Jetzt zieht er sich wieder diese entsetzlichen Musikvideos rein«, meinte die Mutter resigniert. »Das geht
bis in die Nacht. Und morgens verpennt er die ersten
zwei Stunden in der Schule.« Sie wüssten auch nicht,
was aus dem Jungen noch mal werde solle.

Bedeutungsschwere Pause, die
Empörten blickten auf mich, erwar-
teten wohl Bestätigung. Und bekamen sie – weil sie wohl einfach nicht
verstehen wollten. Ich zitierte aus
einer New Yorker Studie, laut der
zwei Drittel aller erwachsenen Amerikaner beklagten, dass Teenager
verantwortungslos, verwöhnt und

*Wenn es stimmt,
dass die Mehrzahl
unserer Kinder
»moralisch ver-
wahrlost« ist – wer
hat dann die
Schuld daran?*

ungezogen seien. Ganze 90 Prozent glauben, dass junge Leute keine Werte wie Ehrlichkeit und Respekt mehr
hätten, und bemängelten den »moralisch verwahrlosten Zustand« bereits bei kleinen Kindern.

Bevor ich aber ergänzen konnte, dass ich diese Untersuchung für einigermaßen übertrieben und reichlich heuchlerisch hielt, überfiel mich das Elternpaar
mit lautstarker Zustimmung. Genauso sei es, und das
eben nicht nur in den USA.

»Wir waren früher doch anders«, meinte der Vater
selbstzufrieden, »wir hätten uns das nicht erlauben
dürfen – und wären auch gar nicht auf den Gedanken
gekommen ...«

Man wechselte dann doch das Thema, der Gastgeber sprach nicht mehr über sein Kind, sondern über
sich selbst. Berichtete, wie clever er's geschafft habe,
in der Firma ein paar unangenehme Aufgaben auf den
neuen Kollegen abzuwälzen. »Jetzt kann ich mittags

zwei Stunden länger zum Tennisspielen raus«, fügte er listig hinzu.

Die Gattin hielt es lieber mit Golf. Zum Turnier am Wochenende wolle sie unbedingt den 500-Euro-Gürtel aus der aktuellen Prada-Kollektion vorzeigen: »Gut, dass wir uns so was noch leisten können. Denn mit dem Geld ist das ja so eine Sache.« Man müsse schwer aufpassen, nicht nur für den Staat zu arbeiten. Der neue Steuerberater habe aber gerade ein paar Tricks verraten. »Wir sind doch nicht blöd und schmeißen dem Staat jeden Pfennig in den Rachen.« Fürs Rasenmähen hätten sie jetzt einen Polen engagiert, der mache das »für vier Euro fuffzig«, natürlich schwarz: »Das machen doch alle so.«

Während sie sich so richtig heißredeten über all die Tricks und Trophäen, die ihr Leben so lebenswert machten, fiel mir ein Satz ein, den ich unlängst las: »Die beste Erziehungsform für Kinder ist, ihnen gute Eltern zu verschaffen.« Der Junge da oben in seiner Bude, mit seinen lärmenden Musikvideos und der Zukunftsverzagtheit, die er mit Flegelei zu übertünchen versucht, ist doch nichts anderes als das Abbild seiner Eltern.

Und die hätten weniger Modejournale und Anlagetipps studieren sollen – sondern besser einmal über einen Satz von Wilhelm von Humboldt nachgedacht: »Bilde dich selbst, und dann wirke auf andere durch das, was du bist.«

Über die
Schweigsamen und
die Unbefangenen

Warten auf den Papst und seine Predigt im Paderborner Dom. Gäste aus Kirche, Politik, Medien – man kennt sich, man sieht sich.

Während die Chöre Aufstellung nahmen und eifrige Messdiener letzte Vorbereitungen trafen, war Zeit, Hände zu schütteln und miteinander zu reden. Ich hörte einen Bischof flüstern: »Ist das da vorn nicht ...? Doch, er ist es, Rainer Barzel.« In der Tat, schräg vor mir, nur durch den Mittelgang getrennt, saß der Mann, der fast einmal unser Bundeskanzler geworden wäre. Um Barzel herum eifrige Gespräche. Aber eben: um ihn herum, an ihm vorbei und über ihn hinweg.

Der Mann, früher im Mittelpunkt, ist ein einsamer Mann geworden. Mein Nachbar meinte den Grund zu kennen, er tuschelte ihn mir zu: »Ein schreckliches Schicksal, erst starb ihm die einzige Tochter, drei Jahre später die Frau. Und nun verunglückt seine zweite Frau tödlich. Da fehlen einem einfach die Worte.«

Plötzlich der Gedanke: Sollte ich nicht zu ihm gehen? Diese eigenartige Hemmschwelle, diese lähmende Sprachlosigkeit überwinden? Ich fasste mir ein Herz – als Jüngster in diesem Kreis, als derjenige, der ihn am wenigsten kennt. Ich durchbrach die unsichtbare Grenze – es waren nur ein paar Schritte nötig und ein bisschen Mut. Was ich ihm am liebsten immer ein-

167

mal geschrieben hätte, konnte ich nun loswerden: »Sie haben vielen Menschen ein Vorbild gegeben – durch die Art, wie Sie mit Ihrem Leid fertig geworden sind.«

Es tat gut, das sah ich auf den ersten Blick. Es tat auch mir gut, den ersten Schritt, den ersten Satz gewagt zu haben.

»Wissen Sie«, sagte Rainer Barzel und sah mir dabei in die Augen, »der Chef da oben meint es doch immer gut mit uns. Vergessen Sie das nie im Leben.«

Er wies dabei nicht nach vorn, wo inzwischen die Bischöfe im Altarraum Platz genommen hatten. Der gläubige Katholik Barzel deutete auch nicht in die Richtung des Papstes. Er zeigte einfach nach oben ...

Es gibt so viele Gründe, das Selbstverständliche nicht zu tun.

Die Mauer des lähmenden Schweigens – sie sperrt nicht nur die Leute ein, deren Schicksal jeder verfolgt.

Da fällt plötzlich der Kollege aus, der Nachbar ist längere Zeit nicht mehr zu sehen, der Bekannte lässt nichts mehr von sich hören. Bis wir erfahren, dass er krank ist. Man munkelt, es sei etwas Ernstes.

Und sofort entsteht im Unterbewusstsein diese Hemmschwelle, sie wächst rasend schnell: Obwohl man besten Kontakt hatte, miteinander gelacht und gefeiert hat – jetzt weiß man nicht, wie man reagieren soll.

Ist es dem Kranken unangenehm, über seinen Zustand reden zu müssen? Ist es nicht besser, ihm gegenüber gar keine Gefühle zu zeigen? Da sind genug Gründe, das Selbstverständliche nicht zu tun. Aber es gibt noch mehr Argumente, die Scheu abzulegen. Der andere wartet darauf, mit seinen Gedanken und Ängsten nicht allein bleiben zu müssen. Ihm, dem vom Leid Isolierten, ist am ehesten damit geholfen, wenn man ganz normal auf ihn zugeht. Offen und unbefangen – wie sonst auch.

Menschen, die das nicht mögen, werden es mit einem Blick signalisieren. Meist erntet man jedoch ehrliches Aufatmen. Dass man dem, mit dem man bei Arbeit und Freizeit ja auch über alles geredet hat, nun auch davon berichten kann: Wie groß die Angst vor dem Befund war – und um wie viel größer jetzt die Erleichterung. Wie anders man das Leben nach dem Tod der Frau empfindet und wie schwer es fällt, sich auf die neue Situation einzustellen.

Mir sagte jemand nach einem solchen Gespräch: »Bisher haben wir uns bloß unterhalten, jetzt haben wir richtig miteinander geredet.«

Auf der Heimfahrt von Paderborn dachte ich noch: Die wichtigste Predigt hat mir heute Rainer Barzel gehalten ...

Über wirkliche und verordnete Trauer

Ein beliebter Monat ist der November nicht: Er entlaubt die letzten Bäume; während die Tage immer trüber und kürzer werden, legt sich ein Grauschleier auf viele Gemüter. Die Namen, die des Novembers Tage tragen, tun das ihre dazu: Auf den Volkstrauertag der vergangenen Woche folgt der Totensonntag. Da, so will es die Tradition, besucht man die Gräber der Angehörigen, erinnert sich auf dem Friedhof an Vergangenes, das nicht wiederkehrt.

Doch für viele ist diese Tradition zum bloßen Ritual verkommen. Wie an Heiligabend zum Weihnachtsgottesdienst, gehen sie am Totensonntag ans Grab und legen ein Gesteck nieder. Man braucht dafür keine Phantasie, und niemand muss lange nachdenken. Denn längst hat sich, nur für den Routinebesuch der termingerecht Trauernden, eine ganze Industrie etabliert, die in diesen Tagen Produkte wie im Schlussverkauf feilbietet.

Sicher, so geht es auch. Und es ist nichts Schlechtes daran, der Toten auf diese Art zu gedenken. Doch es geht auch anders: Eine Bekannte berichtete von einem ihrer schönsten Wochenenden, es liegt noch nicht sehr lange zurück. Damals entdeckte sie beim Aufräumen mehr zufällig den Schuhkarton mit den vielen alten Familienfotos. »Plötzlich wandelten sich die vergilbten Bilder der Vergangenheit zu farbigen Erinnerungen. Meine Kindheit kehrte zurück, die unbeschwerte Zeit, die ich bei meinen längst verstorbenen Großeltern verbrachte.« Sie habe, so erzählte sie, diese Fotos immer wieder betrachtet, sie sortiert und umgeschichtet. In die Hand genommen und im Herzen gespeichert. Am nächsten Tag, gleich nachdem die Geschäfte geöffnet hatten, holte sie dann ein teures Album für die Bilder. Es hat jetzt einen Ehrenplatz – griffbereit auf dem Tisch im Wohnzimmer.

Natürlich, meinte sie, manche aus dem alten Karton aufgetauchte Erinnerung habe geschmerzt. Aber sie habe beim Betrachten nicht an den so qualvollen Krebstod der Oma denken müssen, der ihr auf dem Friedhof immer vor Augen stehe, sondern an die gemeinsame Rhein-Tour. An den Spessart-Urlaub. An das Herumtollen mit den Kätzchen. »Auf jedem Foto hat die Oma ein strahlendes Gesicht. So will ich sie in Erinnerung behalten.«

Die Routine des Trauerns – dazu braucht man keine PHantasie, und niemand muss lange nachdenken.

Ich denke an einen Kollegen, der den Tod seiner Frau nicht verwinden konnte: »Du glaubst ja gar nicht, wie leer plötzlich alles ist.« Da habe er angefangen, in einem Buch zu lesen, das seiner Frau während der letzten Wochen der schweren Krankheit Trost gegeben hat. Zunächst habe er nur geblättert, sich dann aber regelrecht festgelesen. Und schließlich sei ihm das Buch mit den Textpassagen, die seine Frau als besonders wichtig angestrichen hatte, ein Trostbuch geworden. »Eigentlich«, sagte er, »ist es nun, als würde meine Frau zu mir reden. Und hilft mir so, über ihren Tod hinwegzukommen.«

Echte Trauer besteht nicht nur in Grabpflege und beschränkt sich nicht auf den Besuch der Totenstätte. Das hat der Neffe vorgemacht, als er die Tante in den Familienkreis einlud. Plötzlich sprach man über den verstorbenen Onkel, als sitze er mit dabei. Was mit einem »Weißt du noch ...« begann, dauerte Stunden. Keiner bemerkte, wie die Zeit verflog, alle sprachen später von einem wunderschönen Tag. Und die alte Dame freute sich, dass sie nicht vergessen ist – und ihr verstorbener Mann auch nicht.

Vielleicht meinte das der alte Kirchenvater Hieronymus, als er vor 1600 Jahren schrieb: »Wir wollen nicht trauern, dass wir sie verloren haben, sondern dankbar dafür sein, dass wir sie gehabt haben. Ja, auch jetzt noch besitzen.«

Über einen,
der mitten im Leben
ganz alleine starb

Es ist die am häufigsten gestellte Frage, auf die Fernsehzuschauer von mir eine Antwort hören möchten: Gibt es eigentlich noch Meldungen, die Ihnen persönlich unter die Haut gehen? Oder ist das Schreckliche in Ihrem Job längst zur Routine geworden?

Nein, bestimmt nicht. Es gibt sie immer noch und immer wieder, die Meldungen, die mich zusammenzucken lassen, wenn sie aus dem Fernschreiber kommen. Und es sind nicht nur die großen Katastrophen, mit den Dutzenden Absturztoten, den Hunderten Überschwemmungsopfern oder den Tausenden in Bürgerkriegen abgeschlachteten Menschen.

Manchmal genügt eine Acht-Zeilen-Notiz, abgefasst in kargem Nachrichtendeutsch, um über ein Schicksal nachzudenken. Und darüber, ob es nicht mehr wert gewesen wäre als nur diese acht Zeilen.

Eine solche Meldung fand ich neulich im Stapel der Agenturen auf meinem Schreibtisch: dpa hatte sie verfasst, es ging um einen Menschen, der fünf Tage lang tot in der Wohnung lag, ehe eine Nachbarin ihn entdeckte. Geschehen war das nicht in einem der anonymen Wohnsilos unserer Großstädte. Der Tote zählte auch nicht zu denen, die von dieser Gesellschaft ohnehin ausgegrenzt und unbemerkt sind – er war keiner der Alten, Arbeitslosen, Kranken, sondern ein junger

Mann, Anfang dreißig, als Feldwebel bei der Bundeswehr in einer kleinen norddeutschen Stadt stationiert.

So einer, denkt man sich, muss doch mitten im Leben stehen, als Soldat am Arbeitsplatz in eine Kameradschaft eingebunden sein. Und warum hat niemand bemerkt, dass er tagelang nicht auftauchte? In der Kaserne hat man doch Kumpels, mit denen man nach Dienstschluss mal ein Bier trinken oder essen geht. In seinem Alter hat man doch einen Freundeskreis, kennt Leute, mit denen man Sport treibt oder am Wochenende etwas unternimmt.

Wir kennen uns in der »Lindenstraße« besser aus, als in der eigenen Nachbarschaft.

Und es gibt die Nachbarn. Leute, die hellhörig werden müssten, wenn sich einer nicht in den Urlaub verabschiedet und dennoch von der Bildfläche verschwindet, einfach so. Aber fünf Tage lang haben sich diese Nachbarn nur über den überfüllten Briefkasten geärgert. Fünf Tage lang registriert, dass noch immer dieselben Wäschestücke zum Trocknen auf der Leine hingen. Und erst dann Verdacht geschöpft.

Was ist eigentlich los mit uns? Sind wir nur noch eine Gesellschaft von Individualisten und Egoisten, beschäftigt mit uns selbst und unseren Interessen? Manche kennen sich ja heute in der »Lindenstraße« besser aus als in ihrer eigenen Nachbarschaft. Denn die Schicksale der TV-Familien kosten nur Fernsehgebühren, aber keinen persönlichen Einsatz.

Natürlich will auch ich keine Nachbarn, die mir dauernd auf der Pelle sitzen. Allein sein kann schön und sinnvoll sein. Aber tagelang niemandem zu fehlen, das ist schon ein Trauerspiel.

Ich bin froh, wenn Besuch kommt. Wenn mich jemand zu sich einlädt und deutlich macht, dass ich ihm wichtig bin.

Seit Jahren begleitet mich ein Satz von Mutter Teresa aus ihrer Dankesrede bei der Verleihung des Friedensnobelpreises. Sie beklagte nicht das Elend Kalkuttas, sie beschrieb vielmehr eindringlich die Not unserer westlichen Zivilisation:

»Schlimmer als Pest und Cholera ist es, von niemandem geliebt, beachtet und vermisst zu werden.«

Über Urnen im All und verlorene Würde

Seit dreißig Jahren lässt uns die Crew vom »Raumschiff Enterprise« an ihren intergalaktischen Abenteuern teilnehmen: Captain Kirk, Mr. Spock und Doctor McCoy. Gene Roddenberry, der Erfinder von »Star Trek«, wie die Serie in Amerika heißt, beamt uns rund 300 Jahre voraus und auf einen anderen Planeten.

Hinein in eine Science-Fiction-Welt, in der Rauchen und Trinken genauso abgeschafft sind wie Krieg und Krankheit.

Nur, sterblich sind auch Außerirdische: Ist Doc, genannt »die Pille«, mit seinem Latein am Ende, wird die Leiche in eine sarggroße Kapsel gelegt und ins All geschossen.

Aus dieser virtuellen Bestattung ist nun Realität geworden. Es kreisen jetzt nämlich exakt abgewogene sieben Gramm der Asche dieses Gene Roddenberry um die Erde. Eine »Pegasus«-Rakete brachte vierundzwanzig lippenstiftförmige Miniurnen in die Umlaufbahn.

Außer dem »Enterprise«-Erfinder wählten unter anderen noch Drogenphilosoph Timothy Leary, ein Kneipenwirt und ein Lkw-Fahrer dieses Transportmittel für ihre letzte Reise.

»Mein Mann verdient es mehr als jeder andere, seine Ruhe im Weltraum zu finden«, meinte Roddenberrys Witwe. Für den reibungslosen Abtransport beauftragte sie ein texanisches Spezialunternehmen mit dem Namen »Celestis« – die Himmlischen. Kostenpunkt: umgerechnet 4100 Euro.

Eigentlich ziemlich preiswert, meinen Sie? Ich finde, das ist nicht preiswert – das ist billig, ein ganz billiger Gag. Der beweist: Die Dinge, die unantastbar sein sollten, sie werden immer weniger. Die Dinge, aus denen sich Menschen einen Jux machen, sie werden täglich mehr.

Schon der anhaltende Trend zur Seebestattung (rund 20 000-mal im Jahr, mit steigender Tendenz) lässt ja die Frage zu, warum man selbst den Tod noch krampfhaft inszenieren muss.

Früher war das »Seemannsgrab« ausschließlich denen vorbehalten, die auf dem Meer arbeiteten und, oft genug vergebens, gegen seine Gewalt kämpften: den Fischern, den Matrosen, den Steuerleuten. Heute

Die letzte Ruhe eignet sich nicht für modische Trends und billige Gags.

kann ein jeder verfügen, dass seine Asche von Bord eines Kutters ins offene Meer gestreut wird. Und Freddy Quinn singt dazu vom Band.

Ich warte auf den Tag, an dem irgendein Verstörter auf die tolle Geschäftsidee kommt, Urnen während der Mega-Feuerwerke zum Jahreswechsel in den Himmel schießen zu lassen. Nein danke – auf das Copyright für diese Idee lege ich keinen Wert …

Natürlich – mir, der ich an ein Leben nach dem Tod glaube, könnte es im Prinzip egal sein, wo und wie ich bestattet werde.

Aber andererseits bin ich froh, dass es für Menschen, die ich verloren habe, einen konkreten Ort zur Trauer gibt.

Mir hilft es dann, wenn der Name auch auf dem Grabstein steht und nicht nur im Herzen.

Deshalb verstehe ich auch diejenigen, die verzweifelt nach den Leichen ihrer Angehörigen von der »Estonia«-Fähre oder der Birgenair-Maschine suchen ließen, um sie würdig zu begraben.

Würdig deshalb, weil es der Würde eines Toten entspricht, in zivilisierter Gesellschaft mit Anstand bestattet zu werden.

Die letzte Ruhe eignet sich nicht für modische Trends und billige Gags. Denn wer den Tod nicht ernst nimmt – wie ernst war denn dann wohl seine Lebenszeit zu nehmen ...?

Über den Showmaster,
der ein Vorbild war

Er wollte nie ein Star sein. Obwohl seine Einschaltquoten und seine Popularität ihn längst dazu gemacht hatten – zu dem, was wir, in anderen Fällen vielleicht zu leichtfertig, einen »Star« nennen.

Er nannte sich schlicht einen »Quiz-Meister« und schränkte schon im nächsten Satz ein, dass er wohl wisse, dass dies eigentlich kein Beruf sei. »Ich unterhalte Menschen«, hat er es in seinen vollkommen uneitlen Erinnerungen »Zwei Leben in Deutschland« definiert. Und weiter: »Ich gebe ihnen dabei ein Gefühl für Gemeinsamkeit, für Zusammengehörigkeit. Ich versuche zu zeigen, wie der Wettkampf, der die Menschen in Politik und Arbeitswelt allzu leicht den Humor vergessen lässt, ein friedlicher Wettkampf sein kann. Bei dem nicht nur der Gewinner gewinnt, sondern auch der gute Verlierer.«

Hans Rosenthal – 2007 jährt sich sein Todestag zum zwanzigsten Mal. Man hat zu diesem Anlass nicht viel gehört. Nicht viel Erinnerung, nicht viel Zurückdenken an ihn und an das, wofür Hans Rosenthal einstand und was er repräsentierte.

Ich befürchte, dass einer wie Hans Rosenthal heutzutage keine Konjunktur hätte. In einer Zeit, in der die Aufmerksamkeit viel eher den Lauten gilt, den Schrillen. Denjenigen, die so vorschnell für sich reklamieren, ein Star zu sein ...

179

Man hat ihn, den »jüdischen Menschen« (das Wort »Jude«, so sagte er stets, sei ihm »durch die Nazis auf immer verleidet worden«), als Kind zur Zwangsarbeit auf Friedhöfen angehalten, man hat ihn wegen seines Glaubens gejagt und verfolgt. Sein Bruder wurde von den Nationalsozialisten in das KZ nach Riga verschleppt und dort umgebracht.

In unserer Zeit gilt die Aufmerksamkeit den Lauten und Schrillen. Die falsche Zeit für einen wie Hans Rosenthal ...?

Dennoch rief Hans Rosenthal später – in dem Abschnitt, den er sein »zweites Leben« nennt – stets zur Versöhnung, zum Verzeihen auf. Und praktizierte dies als Allererster selbst. Hans Rosenthal hat, nachdem er sich schließlich auf die sonnigere Seite durchgekämpft hatte, niemals diejenigen vergessen, denen es schlechter ging. Die von ihm eingerichtete »Hans-Rosenthal-Stiftung« hilft noch heute in seinem Namen.

Einer, der ihn aus jahrelanger Zusammenarbeit gut kannte, sagte über den Menschen Rosenthal: »Er ist der typische Gartennachbar. Mit ihm kann man reden. Auf ihn kann man sich verlassen.«

Ich mochte und verehrte diesen »Quiz-Meister«, obwohl ich ihn kaum besser kannte als Millionen andere, die regelmäßig »Dalli-Dalli« einschalteten. Einmal traf ich ihn, es war im Sommer 1982, und diese Begegnung war eine Urlaubsbegegnung der zufälligen Art: In Utersum, auf der Nordsee-Insel Föhr, erholte sich Hans Rosenthal in seinem Haus direkt am Strand.

Wir liefen uns über den Weg, er wusste, dass ich, der eigentlich Fremde, beim selben Sender wie er arbeitete, und bat mich hinein – wie selbstverständlich.

In seinem Haus protzte kein neuer Reichtum, da prunkte kein Talmi. Hier fühlte sich ein Mensch mit seiner Familie wohl, in einer Umgebung, wie sie ihm angemessen schien: zweckmäßig und bescheiden.

Anschließend schlenderten wir noch den Strand entlang. Der kurze Spaziergang zog sich ungeplant in die Länge, weil sich mein prominenter Begleiter immer wieder von Urlaubern aufhalten ließ. Er schrieb Autogramme, er beantwortete Fragen, er zeigte ehrliches Interesse am Gespräch.

Hans Rosenthal war einer von uns. War einer von denen, für die, mit denen und von deren Gunst er schließlich auch lebte.

Er hat das niemals vergessen. Und das ist ein Grund, weshalb wir ihn nicht vergessen sollten.

Über den Ausverkauf des Weihnachtsgefühls

Der Kalender sprach vom Herbst, der Wetterbericht von Sturmböen, im Süden sogar von Schnee. Doch draußen strahlte die Sonne, die Menschen hatten noch einmal ihr Sommergefühl herausgeholt – und ihre T-Shirts.

Vor dem kleinen Café am Mainzer Dom standen Stühle, ich musste lange suchen, um einen freien Platz zu finden. Die Kellnerin brachte Pflaumenkuchen, »unser Angebot zur Jahreszeit«, wie ein Schildchen auf dem Tisch verriet.

Ich blieb lange hier sitzen – beim Kuchen, bei den Menschen, in der Sonne. Als ich schließlich ging, nahm ich die Wärme auf meiner Haut mit – und den festen Vorsatz, dass für mich noch lange Sommer sein würde in diesem Jahr. Auch wenn der Kollege der Wetter-Redaktion mit seiner stürmischen Vorhersage recht behalten würde. Auch wenn sie im Süden schon die Winterreifen montieren mussten und die dicken Pullover anzogen.

Mein Vorsatz hielt nur ein paar Minuten. Er hielt bis zum nächsten Kaufhaus. Ich wollte ein Geschenk kaufen für den Geburtstag eines Freundes. Ich weiß nicht mehr, was ich ihm denn nun gekauft habe, ich weiß nur noch, dass man mir in diesem Kaufhaus mein Sommergefühl gestohlen hat. Und keiner war da, der rief: Haltet den Dieb! Schon im Eingangsbereich hatte man hier den Sommernachmittag zum Heiligabend gemacht. Hatten Marketingstrategen Lebkuchenpakete, Spekulatiusdosen, Christstollen (»Nur 2,29 Euro, leicht & locker«) und große Stapel von Marzipanbroten auftürmen lassen.

Draußen war Sommer – und hier wurde den Kunden Weihnachten verordnet, lange vor der Zeit ein falsches Weihnachtsgefühl aufgedrängt, im Sonderangebot. Kauf mich! Nimm mich mit! Pack mich ein in das Geschenkpapier mit den goldenen Sternchen! Bald ist Weihnachten!

Neben den Spekulatiusstapeln knieten zwei kleine Mädchen, nicht älter als vier, vielleicht fünf Jahre. Voller Hingabe drehten sie an einer Weihnachtspyramide, bestaunten das Glitzerhaar der daraufgesetzten Engelsfiguren. Eine Frau kam dazu, offenbar die Mutter. In ihrem Einkaufskorb lagen Knäckebrot und Magerquark, Apfelsaft und Tiefkühlkost. Alltägliches, nichts Weihnachtliches.

Ahnen die Meister des Marketings eigentlich, was ihre Strategien anrichten?

Die Mädchen sahen das, ihre Reaktion erfolgte prompt. Wie geplant und von den Meistern des Marketings kalkuliert: Das eine Kind streckte der Mutter die hölzerne Pyramide entgegen, das andere übersetzte bettelnd, was die Schwester meinte: »Haben, Mutti! Bitte, bitte, haben ...«

Mutti hat schließlich nachgegeben, Mutti hat gekauft. Ich wandte mich ab und suchte den Ausgang, als ich noch sah, wie sie resigniert mit den Schultern zuckte und dieses Stück Weihnachten im Korb verstaute.

Bestimmt werden die beiden kleinen Mädchen ihre Pyramide zu Hause sofort auspacken. Werden Mutti bitten, die Kerzen anzuzünden, und dabei strahlen wie Rauschgoldengelchen. Und dann wird es ihnen langweilig werden, vermutlich ganz schnell. Sie räumen das Spielzeug zu all dem anderen in die Truhe.

Vielleicht holt Mutti es wieder hervor, am 24. Dezember, in zehn Wochen. Und baut die Pyramide unter dem Christbaum auf.

Nur das Weihnachtsgefühl – das wird dann verschwunden sein.

Verschwunden und verkauft.

Inhalt

Ein Wort zum Anfang 5

1 Über Menschlichkeit & Gedankenlosigkeit 7
Über kleine Krisen und große Ausreden.......... 8
Über billige Ausreden und wertvolle Wahrheiten . 11
Über gerechte Zeugnisse und vorschnelle Urteile . 14
Über die Höflichkeit der Vorgesetzten 17
Über Sparzwänge und Mutters Genesung 20
Über gequälte Tiere und gerechte Strafen 23
Über kleine Giftpfeile und große Wirkung 25
Über Sprachschöpfungen und
Fremdenfreundlichkeit 28
Über alte Mütter und egoistische Wünsche 31
Über kluge Richter und gerechte Urteile 34
Über spielende Kinder und
geschwindelte Antworten...................... 37
Über verlorenen Mut und verweigerte Hilfe 40
Über gespielte Stärke und Mut zur Schwäche 43
Über große Vorsätze und kleine Erfolge.......... 46
Über den Dank am Tag der Mutter 49

2 Über Gründe & Abgründe..................... 53
Über neue Arbeit und alte Einsamkeit 54
Über den Wahn der Jugendlichkeit.............. 57
Über Büro-Umfragen und die Antworten darauf .. 60
Über junge Dynamik und alterslose Erfahrung ... 63
Über wahre Schönheit und falsche Garantien 66

Über ein Haustier, an dem nichts echt ist 69

Über Obdachlose und Gedankenlose 72

Über fröhliche Genießer und freudlose Esser 75

Über große Worte und kleine Taten 77

Über die schönsten und die wertvollsten Wochen 80

Über die Dinge, die uns wirklich wichtig sind 83

Über gute Laune und böse Gene 86

Über das Klon-Schaf Dolly und die Folgen 89

Über falsche Titel und echte Leistung 92

Über die Unentbehrlichen und ihre Irrtümer. ... 95

Über ärztliches Schweigen und ärztliche Pflichten 98

Über gute Wünsche und die richtige Dosierung .. 101

3 Über Erlebtes & Erfahrenes. 105

Über den Fluch der Eile und die Zeit für Muße 106

Über täglichen Ersatz und erlebte Wirklichkeit ... 108

Über fremde Köche und heimischen Brei 111

Über verlorene Bücher und
wiedergefundene Erinnerungen 114

Über den Dreck in den Städten und
die Schuldigen daran 117

Über Wortentzug und Liebesentzug 120

Über Ärger im Bad und
Signale für die Beziehung 123

Über die Zaungäste der Katastrophen. 126

Über die Feigen und die Gleichgültigen. 129

Über das Verschwinden des Dankes 132

Über die Ehrlichkeit und das Selbstverständliche . 135

Über schöne Abende und öde Videos 138

Über die Freundschaft, die zur Ware wird 141

Über eine Lektion im Gartenlokal. 144

Über schützende Engel und geöffnete Augen 147

Über Dianas Vermächtnis – und das,
was uns keiner nehmen kann 150
Über Windmaschinen der Wohltätigkeit 153

4   *Über Vorbilder & Zerrbilder* 157
Über die Massenflucht vor den Weihnachtstagen 158
Über Bräuche, die wir brauchen 161
Über junge Nachahmer und alte Vorbilder 164
Über die Schweigsamen und die Unbefangenen .. 167
Über wirkliche und verordnete Trauer 170
Über einen, der mitten im Leben
ganz alleine starb 173
Über Urnen im All und verlorene Würde......... 176
Über den Showmaster, der ein Vorbild war 179
Über den Ausverkauf des Weihnachtsgefühls..... 182

Anselm Bilgri

Entrümple deinen Geist

Wie man zum Wesentlichen vordringt

Wie kann ich in dieser komplizierten Welt zu mir selbst – und damit auch zu anderen – finden? Anselm Bilgri hat eine Anleitung für moderne Lebensführung verfasst – ausgehend von seiner Arbeit als Berater von Führungskräften und auf der Grundlage seiner Erfahrung als Seelsorger und Prior des Benediktinerklosters Andechs. Da Informationen heute ungehemmt auf uns einprasseln, ist es besonders wichtig, authentisch zu sein: Nur, wenn wir das Wesentliche erkennen und zu einer Haltung gelangen, die unserem eigenen Wesen entspricht, können wir uns selbst besser verstehen und unser Handeln wirklich an unseren Werten ausrichten. Doch dazu müssen wir uns von allem befreien, was uns behindert: Den Geist zu entrümpeln ist dabei Voraussetzung und Ziel gleichermaßen.

Anhand von Fallbeispielen aus seiner Praxis zeigt der ehemalige Benediktinermönch, wie es in 18 gedanklichen Schritten gelingen kann, zu einem reifen Menschen zu werden, der Verantwortung für sich und andere übernimmt.

KNAUR

Werner Tiki Küstenmacher
mit Lothar J. Seiwert

Simplify your Life

Einfacher und glücklicher leben

Das Leben meistern, die Fähigkeit besitzen, das volle Potential seines Lebens auszuschöpfen, glücklich und erfüllt sein: Wer will das nicht? Die beiden Erfolgsautoren geben erprobte Regeln für ein sinnvolles Leben an die Hand. Sinnvoll leben heißt, die eigenen Möglichkeiten optimal zu entwickeln und den Platz in der Gemeinschaft einzunehmen, an dem man sich selbst und die Gemeinschaft am besten weiterbringt. Einfach erlernbare Techniken, sofort umsetzbare Tipps und verblüffend neue Methoden: wie Sie den Stapel auf Ihrem Schreibtisch besiegen, wie Sie Ihr Leben entschleunigen, wie Sie fit und gesund bleiben, wie Sie Freunde gewinnen, wie Sie Partnerschaft und Beruf optimal verbinden, wie Sie zu Ihrem innersten Lebensziel finden.

»Dieses Buch räumt Ihr Leben auf.«
Stern

Knaur Taschenbuch Verlag